KB267714

형제라는 이름의 타인

형제라는 이름의 타인

형제라는 이름의 타인

초판 1쇄 발행 | 2001년 11월 10일
초판 2쇄 발행 | 2011년 2월 1일

지은이 | 양혜영
펴낸이 | 이성수

펴낸곳 | 올림
주소 | 서울시 종로구 신문로 1가 163 광화문오피시아 1810호
등록 | 2000년 3월 30일 제300-2000-192호(구 : 제20-183호)
전화 | 02-720-3131
팩스 | 02-720-3191
이메일 | pom4u@yahoo.com
홈페이지 | www.ollim.com

값 8,000원
ISBN 89-951704-3-3 03180

형제라는 이름의 타인

양혜영 지음

올림

형제는 나에게 무엇인가

우리가 알고 있는 수많은 유명한 형제들, 성서의 첫머리에 나오는 카인과 아벨 형제, 어릴 때부터 수없이 들어온 흥부 놀부 형제, 콩쥐 팥쥐 자매, 신데렐라와 그 언니들, 그리고 돼지 삼 형제까지. 이런 형제 이야기에는 언제나 좋은 형제와 나쁜 형제가 있다.

그런데 자신이 가진 것 중 가장 좋은 것을 신에게 바친 아벨은 카인에게는 좋은 형제였을까? 아이 생산에는 뛰어났지만 가족의 생계를 책임지지 못하는 무능력한 흥부는 놀부에게 좋은 형제였을까?

어려움과 고난 속에서 참고 양보한 형제가 나중에 모든 것을 차지하는 그런 형제 이야기를 우리는 정말 좋아하는 것인가.

분명 우리는 그런 극적인 형제 이야기에 끌린다. 형제간의 질투와 경쟁으로 인한 끝없는 음모, 왕위를 위해 형이나 동생을 죽이는 왕자들의 피비린내 나는 권력 싸움, 혹은 종종 신문에 소개되는 재벌가 형제들의 현대판 왕자의 난과 같은 이야기처럼 부모가 같아서 혹은 한쪽 부모가 같아서 형제가 된 사람들의 욕심과 야망이 자신의 형제를 처참하고도 잔혹하게 파괴하는 그런 이야기 말이다. 권력, 돈, 지위 혹은 부모의 사랑을 얻기 위해 다른 사람도 아닌 자신의 형제와 경쟁하고, 형제를 제거하고 해치려는 그런 이야기에 우리는 흥미를 느낀다. 그런데 그것이 나의 이야기라면 어떨까. 그때도 남의 이야기일 때처럼 흥미롭기만 할까.

피비린내가 나는 것도 아니고 신문에 날 정도도 아니지만, 종종 치고받고 싸우는 그런 평범한 형제 이야기는 어떨까. 꼭 돈과 권력을 위해 살벌하게 싸워야만 재미있고 흥미로운 형제 이야기일까. 집안에 쟁취할 왕위나 권력이 없다고 반드시 형제 갈등이 없는 것은 아니다. 물론 권력과 돈이 있을 때 더 심하게 싸울 수는 있겠지만, 권력과 돈이 없다고 형제가 경쟁하지 않고 질시하지 않는 것은 아니지 않은가.

살아가면서 형제는 많은 것을 공유하고 나누어야 하기에 갈등은 언제나 있게 마련이다. 그것이 부모의 사랑이든, 재산이든, 타인의 인정이든, 늙거나 병든 부모를 돌보는 일이든.

그처럼 많은 것을 공유하는 형제는 나에게 무엇일까? 그리고 나는 형제에게 무엇일까? 형제로 인해 나의 삶이 달라졌을까? 그리고 나로 인해 형제의 삶이 달라졌을까?

어린 시절 치고 받고 싸우던 형제도 이제 다 커 버렸다. 죽이고 싶도록 미울 때도 있었지만, 시간이 흐르면 '마치 아무 일도 없던 것처럼' 살아 왔다. 관계가 좋든 나쁘든 질긴 인연의 끈을 잡고 가는 사람이 형제인가 보다 하면서……. 누군가의 말처럼 형제란 그렇게 치고 받으며 자라는 것인지도 모른다.

그렇다면 그렇게 치고 받으며 자라는 형제는 서로의 삶에 어떤 영향을 주었을까? 오고 간 것이 주먹과 욕설뿐이었을까? 정말 그것뿐이었을까? 물론 형제간에 오간 것에는 애정과 지지도 있다. 그런 모든 것이 나의 삶에서, 그리고 형제의 삶에서 어떤 의미를 가질까? 그런 이야기를 하고 싶었다.

2001. 11

지은이 양 혜 영

제1부 무엇이 형제를 다르게 만드나

1 형제는 같을까, 다를까

2 형제 차이, 타고나는 것인가

가깝고도 먼 2촌의 세계

우리 나라에서 자녀를 명문대에 보냈다면 그 부모는 책을 낼 수 있다. 물론 그 부모가 아이를 어떻게 수재로 키웠는지에 대한 책이다. 사람들은 '어쩌면 그렇게 자식을 잘 키웠을까' 하고 감탄하면서 무슨 비법이라도 있을까 싶어 그 책을 사 본다. 명문대에 들어간 자녀가 많을수록 책의 가치(?)는 높아진다. 한 명도 아니고 두 명 혹은 그 이상을 모두 명문대에 보내다니, 정녕 꿈만 같은 이야기다. 누구는 하나 보내기도 힘든데……. 어쨌든 그 책은 한때의 베스트셀러가 될 수 있다.

왜 사람들은 그런 책을 읽을까? 왜 그런 가정의 아이 키우는 법에 관심을 보일까? 그만큼 한 가정의 형제 모두가 높은 성취를 이루는 것이 드물고 힘들기 때문 아닐까? 오죽 힘들면 그런 가정에 대한 책이 다 나올까. 이 이야기의 메시지는 간단하다. 한 가정에서 태어난 형제는 같은 유전과 환경 속에서 성장하지만, 같은 발달을 보이지 않는다는 것이다.

같은 부모에게서 태어나 같은 집에서 함께 성장한 형제가 왜 이리 다른 결과를 보일까? 사실 형제는 성취에서만 차이가 나는 것이 아니다. 형제는 거의 모든 특성에서 비슷하기보다는 다른 편이다. 특히 형제의 성격은 낯선 사람만큼이나 다르다.

이 책에서 나는 평범한 형제의 이야기를 하려고 한다. 대부분의 사람들이 평범한 형제에 대해서는 궁금해하지 않을지도 모른다. 혈연으로 맺어져 좋든 싫든 평생을 함께 해야 할 형제에 대해 새삼스럽게 뭐가 궁금하냐고 생각할지도 모른다.

애정인가 갈등인가

하지만 한번 생각해 보자. 다른 사람에게 형제에게처럼 적나라한 말과 행동을 한다면 어떨까? 날마다 부딪히고 싸우다 언제 그랬냐는 듯이 다시 잘 지내는 그런 관계가 가능할까? 설령 가능하다 해도 그 관계는 결국 깨지고 말 것이다. 그렇게 끝없이 부딪히는 관계는 서로 안 보는 것이 상책이다. 그런데 형제는 그것이 안 된다. 최소한 어린 시절에는 보지 않으려 해도 한 집에 사는 한 어쩔 수 없이 부딪혀야 하며, 성장해서 부모의 집을 떠나더라도 가족이란 테두리 안에서 형식적인 관계를 유지하는 것이 보통이다. "그래도 어려운 일이 있을 때는 동기간이 최고다"라는 부모님의

충고를 들어가면서.

물론 갈등 관계에 놓인 형제만 있는 것은 아니다. 그 반대의 형제 관계도 있다. 추수를 끝낸 뒤 서로를 위하는 마음에서 한밤중에 상대방의 벼 낟가리에 볏단을 져다 놓았다는, 초등학교 교과서에 실렸던 옛이야기 속의 형제처럼 친밀한 관계를 넘어서 헌신과 희생을 보이는 형제도 있다. 늘 한 형제는 돌보고 다른 형제는 그것을 받기만 하는 관계도 있다. 기생하듯 평생 다른 형제의 그늘에서 사는 사람도 있다. 또 형제라는 이름으로 이런 관계를 강요하는 사람도 있다.

형제와 좋은 관계를 유지하는 사람에게 형제는 자랄수록 의지가 되는 존재다. 가정 안에서 혹은 밖에서 겪는 어려움을 함께 이기고, 가정 밖의 사람들과는 나눌 수 없는 삶의 기쁨과 슬픔을 함께 나눈다. 하지만 불행히도 모든 형제가 이런 관계를 맺는 것은 아니며 오히려 남만 못한 경우도 적지 않다. 형제 관계는 쉽게 단정할 수 없는 복잡하고 미묘한 관계라고 할 수 있다.

그런데 형제는 왜 그리 다투고 경쟁하는 것일까? 식사를 하면서, 텔레비전을 보면서, 화장실을 사용하면서, 외출을 하면서 끊임없이 시비를 걸고 비열한 말과 행동으로 서로를 괴롭힌다. 부모는 이 같은 끊임없는 형제의 갈등과 다툼을 지켜보면서 아이들이 왜 이리 사소한 일에 목숨을 걸며 다투는지 궁금해할 것이다.

이 책에서 형제의 갈등과 다툼을 해결할 비법을 제시하려는 것은 아니다. 형제의 갈등을 해결하는 방법은 그리 간단한 것이 아니다. 그렇다고 첫째 아이는 어떻고 둘째 아이는 어떻다는 식의 이야기를 하려는 것도 아니다. 형제 이야기라고 하면 사람들은 흔히 출생 순위에 따른 아이의 특성 같은 것을 생각한다. 출생 순위에 따라 아이의 지능이나 성취가 다른 건 아닐까, 첫째 아이는 막내와 다른 성격적 특성을 가지지 않았을까, 첫째 아이가 보수적이라면 둘째 아이는 보다 개혁적이지 않을까 등등.

출생 순위에 대한 사람들의 관념은 성 차이에 대한 고집과 비슷하다. 사실이 아님에도 불구하고 일반인들이 굳게 가지고 있는 믿음 같다고나 할까. 마치 전설처럼. 뒤에서 출생 순위에 대한 사람들의 믿음이 왜 엉뚱한 것인지를 살펴볼 것이다. 그러나 출생 순위에 대한 이야기는 이 책의 주요 주제가 아니다.

그렇다면 할 만한 이야기, 재미있는 이야기 다 제하고 도대체 무슨 이야기를 하겠다는 건지 의문이 생길지도 모르겠다. 피비린내 나는 형제간의 왕권 찬탈이라든가 엄청난 부를 놓고 치열하게 싸우는 실업계 거물 형제 이야기도 아니고, 형제 갈등의 해결 방안을 제시하는 것도 아니고, 심지어 출생 순위에 따라 형제가 어떻게 달라지는지에 대한 이야기도 아니라면? 그럼 우애로운 형제를 키우는 법을 알려 주는 책인가? 그것도 아니다. 그럼 도대체 뭐가 남았나…….

부모만이 나의 삶에 영향을 주었을까

나는 형제가 우리의 발달에, 그리고 삶에 어떤 영향을 주었는지 살펴보려고 한다. 정말 한 번이라도 생각해 보았는가. 형제가 나의 삶에 어떤 영향을 주었는지. 오직 부모만이 나의 발달에 영향을 주었을까? 나와 함께 성장한 나의 형제는 그 때 무엇을 하고 있었을까? 형제가 성장할 때 나는 무엇을 하고 있었을까? 우리의 삶은 다른 궤도를 따라갈 뿐 서로에게 영향을 주지 않은 것일까? 꼭 형제가 나의 삶을 혹은 내가 형제의 삶을 흔들어 놓아야만 서로에게 영향을 주었다고 할 수 있을까? 한 집에서 다른 아이와 함께 성장한다는 것이 내게, 그리고 나의 형제에게 어떤 영향을 주는 것일까?

형제는 흔히 생각하는 것보다 상당히 다른 존재다. 그렇다면 형제가 다르다는 그 뻔한 이야기를 하려고? 아이를 키워 본 사람이라면, 아니 아이를 키워 보지 않아도 형제가 있는 사람이라면 다

아는 이야기를 책으로까지 읽어야 하느냐고 물을지도 모르겠다.

나는 우리가 잘 알고 있다고 생각하는 이야기를 조금 더 과학적으로 접근해 볼 것이다. 그러면 우리가 형제라는 이유로 아주 낯선 사람만큼이나 다른 사람과 한 집에서 살고 있다는 사실을 깨닫게 될 것이다.

먼저, 지금까지 심리학자들이 연구한 형제는 어떤 모습인지 살펴볼 것이다. 그럼으로써 우리가 경험으로 혹은 직관으로 아는 형제와 연구를 통해 밝혀진 형제의 모습을 비교해 볼 것이다. 우리의 형제에 대한 경험과 직관이 옳았는지, 우리가 정말 형제의 존재에 대해 제대로 알고 있었는지 말이다.

형제만 아니라면 가정 밖에서 만났을 때 결코 끌리지 않을 사람, 어떤 관계로도 결코 발전하지 않을 사람이 어쩌면 형제인지도 모른다. 같은 부모에게서 태어났다는 사실이 대단한 인연이고 운명을 의미할지는 몰라도 형제가 나와 꼭 맞는 사람이라는 의미는 아니잖은가. 인연을 맺었더라도 그것이 혹 악연일 수도 있지 않을까? 이렇게 말하면 내가 형제 관계를 상당히 부정적으로 말하는 것 같다. 하지만 꼭 그런 것은 아니다. 다만 그만큼 맞지 않는 사람들이 형제로 만날 수 있다는 것이다. 어쩌면 많은 형제가 서로 맞지 않는 사람들인지도 모른다. 부모와 자녀 관계처럼.

형제—과연 닮은꼴인가

심리학자들의 연구 결과와 더불어 많은 사람이 당연하게 느끼는, 그래서 하나마나한 이야기가 될지도 모르는 형제의 차이에 대해 짚어 볼 것이다.

같은 부모에게서 태어나 유전적·환경적 요인을 공유하는 형제가 그렇지 않은 낯선 사람만큼이나 다르다는 말은 과연 사실일까? 그렇다, 최소한 성격에서는. 그렇다면 나와 형제가 공유해 온 그 수많은 것은 다 무엇이란 말인가. 그 많은 유전인자와 일상생활에서 함께 한 수많은 시간 말이다. 공유했다고 믿어 온 유전인자는 무엇인지, 그리고 일상생활에서 함께 공유한 경험은 무엇인지를 살펴볼 것이다. 우리가 일상적으로 알고 있는 바로 그 공유한 붉은 피와 일상적인 환경의 진짜 의미에 대해.

형제는 유전적으로 다르며 다른 환경을 경험하고 다른 발달 궤도를 그린다. 그렇게 다른 길을 가는 데 있어 부모와 형제는 어떤 역할을 하는지 살펴볼 것이다. 그럼으로써 형제와 함께 성장하는 것이 나의 삶에 어떤 영향을 주었는지 알아보고자 한다. 비슷한 교육 환경 속에서도 왜 형제가 다른 성취를 보이는지, 아니 왜 같이 좋은 대학에 들어가지 못하는지. 여기서는 그런 평범한 형제들의 차이에 대해 이런저런 이야기를 하려고 한다.

똑같은 이야기라도 관점에 따라 다를 수 있다. 그래서 사건 현장에 함께 있던 여러 사람의 목격담을 들어 보는 것 아니겠는가. 그렇게 여러 사람의 이야기를 종합할 때 비로소 사건의 전체적 윤곽이 잡히는 것이다. 여기서도 마찬가지다. 지금까지는 부모 혹은 아이의 입장에서 부모와 자녀 관계를 이야기해 왔다. 이제는 형제의 입장에서 이야기해 보면 어떨까. 그러니까 지금부터 우리가 할 이야기는 가족 이야기다. 다만 중앙 무대에 형제가 등장할 뿐이다. 그리고 여기서 형제란 자매, 남매 등을 모두 포함하는 말로 사용할 것이다.

형제─심리학의 잊혀졌던 영역

그런데 한 가지 문제가 있다. 그것은 형제에 대한 연구가 많지 않다는 것이다. 지금까지 학계에서 형제는 그리 흥미롭지도 매력적이지도 않은 주제였다. 아니 잊혀진 존재였다. 심리학자들은 가족 관계를 이야기할 때 대부분 부모와 자녀 관계만을 언급한다. 형제도 가족 관계의 중요한 한 부분인데 말이다. 부모는 아이의 발달에 절대적 영향을 발휘하는 존재로 늘 무대의 스포트라이트를 받아 왔다. 그리고 한 번도 그 중앙 무대에서 내려온 적이 없다. 하지만 형제는 한 번도 그 빛을 받아 보지 못했다. 가끔씩 출연은 했지만 관중의 호응은 늘 시원치 않았다. 그럼 앞으로는 매력적인 주제가 될까? 최소한 일부 심리학자들에게는 그럴 것 같다.

형제에 대한 연구는 최근에 이르러서야 조금씩 이루어지고 있다. 그런 탓에 우리는 충분한 자료를 가지고 출발하지 못한다. 그나마 그 연구들도 대부분 유아기와 아동기에 몰려 있다. 청소년기 이후의 형제에 대한 자료는 더더욱 부족한 상태다. 그래서 형제에 대한 많은 문제를 충분히 다루지 못한다는 한계를 가지고 출발한다.

물론 경험, 직관, 그리고 상상력까지 동원한다면 못할 이야기가 어디 있겠는가. 우리는 달, 아니 화성까지도 갈 수 있다. 어쩌면 그런 이야기가 더 매력적이고 그럴듯하게 들릴지도 모른다. 하지만 나는 그런 형제 이야기를 펼치고 싶지 않다. 형제와 함께 환상의 세계로 날아가고 싶지 않다. 지금은 아니다. 여기서는 지금까지 나온 형제에 대한 자료를 가지고 앞으로 어디로 갈 수 있을지 논하는 그 곳까지만 가려고 한다. 그것으로 충분하다.

형제 이야기를 본격적으로 하기 전에 이 주제를 준비하면서 내가 가진 몇 가지 고민을 이야기하고 싶다.

첫번째 고민은 나에게는 형제 이야기가 굉장히 재미있고 흥미로웠지만, 다른 사람들에게는 어떨까 하는 점이었다. 유학 시절 읽은 형제에 대한 이야기들은 새롭고 충격적이기까지 했다. 그래서 나도 형제에 대한 이야기를 해 보고 싶다는 생각이 들었는데, 과연 다른 사람들도 그럴까 하는 점에 있어서는 의문이었다. 그럼에도 이 글을 쓰는 이유는 우리가 모르고 있던, 아니 어쩌면 잘 안다고 믿어 왔기에 사실은 모르고 있는 이야기를 해 보고 싶었기 때문이다.

또 하나의 고민은 독자를 형제를 키우는 부모로 할 것인지, 아니면 형제인 우리 자신으로 할 것인지에 대한 것이었다. 부모에게 가장 큰 관심사 중의 하나는 일상적으로 접하는 형제간의 충돌과 갈등이라고 할 수 있다. 형제들의 충돌과 갈등을 조정하는 일은 부모를 가장 힘들게 하고 무력감마저 갖게 하는 부분이다. 하지만 그런 이야기라면 결국 그 동안 숱하게 다루어진 부모의 자녀 양육에 대한 이야기가 될 것이다.

작업을 시작하면서 나는 이 두 관점에서 오락가락했다. 그러다 결국 나는 애초에 나를 이 주제로 이끈 동기를 따르기로 했다. 나와 함께 살아 온 다른 아이는 누구인지에 대한 호기심. 우리 모두 누군가의 형제이기에 우리가 오랫동안 무시해 온 그 이야기를 한 번쯤 해 보자는 것이다. 물론 자녀를 키우는 부모 입장을 완전히 무시하지는 않을 것이다. 형제 이야기를 하면서 그 형제를 낳고 키운 부모 입장을 어찌 배제할 수 있겠는가.

소설이나 자서전, 전기 등에는 형제에 대한 이야기가 자주 등장한다. 하지만 심리학 분야에 누적된 형제 이야기는 그리 많지 않다. 그럼에도 불구하고 형제에 대해 연구하는 사람들이 있다. 그 사람들의 연구와 주장을 중심으로 이야기를 풀어 나갈 것이다.

끝으로 이 책의 기본 아이디어와 많은 사례는 던(Dunn)과 플로민(Plomin)의 《Separate Lives : Why Siblings Are So Different》라는 책에서 가져왔음을 밝힌다. 실제로 나의 이 여행을 시작하게 만든 책이기 때문이다.

제1부

무엇이 형제를 다르게 만드나

- 형제는 같을까, 다를까
- 형제 차이, 타고나는 것인가
- 형제 차이, 그렇게 길러지는 것인가
- 유전이 형제를 다르게 만드나

1

형제는 같을까, 다를까

형제는 같을까, 다를까

한 배에서 나온 아이들이 왜 저리 다른지 알 수 없다는
어머니들을 자주 본다.
아니 거의 대부분의 부모들이
자녀의 유사점보다는 차이점에 대해 이야기한다.
형제는 반드시 비슷해야만 하는가.

어른이 되어 어느 날 문득 주변을 둘러보니 나와 형제의 길은 달라져 있었다. 우리는 다른 곳에 다른 모습으로 서 있었다. 처음에는 같은 출발점에서 시작한 것 같았는데, 그리고 비슷한 길을 가는 듯싶었는데 정신 없이 각자의 길을 가다 문득 돌아보니 우리의 길은 달라져 있었다. 가까이 있는 줄만 알았는데 너무 멀리 떨어져 있었다. 우리는 언제부터 그리고 어디서부터 갈라진 것일까?

우리는 이제는 각자의 길을 간다. 그것이 우리의 삶이기에. 하지만 가는 길은 달라도 변함없는 것은 우리는 형제라는 사실이다.

여기서 나의 형제 이야기를 하려는 것은 아니다. 아직(?) 유명한

심리학자가 못 된 탓으로 자서전을 쓸 생각은 없다. 사실 자서전을 쓰기에는 이루어 놓은 것이 없기에 특별히 할 말도 없고, 쓴다 하더라도 읽을 사람이 많지 않을 테니까.

4인 4색이었던 톨스토이의 형제들

그렇다면 러시아의 유명한 문호 톨스토이 형제들의 이야기는 어떨까? 언젠가 읽은 톨스토이 형제에 대한 가정교사의 설명은 짧지만 많은 것을 담고 있었다. '공부를 하는 데 있어 니콜라스는 할 수 있고 또 하려고 하고, 세르게이는 할 수 있지만 하려고 하지 않고, 드미트리는 하려고 하지만 할 수 없고, 레오는 둘 다 아니다'라고 가정교사는 평가했다. 이 안에 학생들의 대표적인 유형이 다 들어 있다.

재미있지 않은가. 아이들을 직접 가르쳐 본 사람만이 말할 수 있는 형제의 차이다. 그런데 가정교사로부터 가장 낮은 평가를 받은 레오, 도대체 하려고 하지도 않고 할 수도 없던 레오, 형제들보다 감수성이 뛰어난 나머지 종종 '울보'로 불린 그는 누구인가. 그가 바로 그 유명한 문호 레오 톨스토이다. 문득 궁금해진다. 가정교사로부터 레오보다 더 나은 평가를 받은 그의 다른 형제들은 어떤 사람이 되었을까? 특히 가정교사에게 가장 높은 평가를 받은 니콜라스는?

같은 부모에게서 태어나 같은 집에서 살면서 심지어 같은 가정

교사에게 배우는데 왜 이리 다른가. 형제란 다른 사람들보다 유전적으로나 환경적으로 비슷한 사람들 아닌가. 아니 비슷해야만 하는 사람들 아닌가. 그래서 형제 아닌가. 한 배에서 나온 아이들이 왜 저리 다른지 알 수 없다는 어머니들을 자주 본다. 아니 거의 대부분의 부모들이 자녀의 유사점보다는 차이점에 대해 이야기한다.

형제는 반드시 비슷해야만 하는 존재인가. 형제이기 때문에 비슷한 점보다 다른 점이 더 부각되는 것은 아닐까? 사실 많이 비슷한데 차이가 조금만 나타나도 그것이 더 크게 보이는 것은 아닌지. 왜 형제는 비슷할 거라고 예상하는지, 그리고 그 예상이 어디까지 사실인지 알아보자.

이미 100여 년 전 가족이 얼마나 유사한지 궁금해한 사람이 있었다. 영국의 유전학자인 골턴(Galton, Francis)은 지적 능력의 유전적 계승과 개인차에 대해 관심을 가졌다. 골턴 이전에는 심리학에서 개인차를 그리 중요하게 다루지 않았다고 한다. 요즘 심리학자들이 개인차에 관심을 갖는 것을 생각하면 그의 앞선 생각에 감탄하지 않을 수 없다. 사실 그는 좋은 의미로든 나쁜 의미로든 여러 면에서 대단한 사람이었다.

부유한 은행가 아버지 밑에서 태어난 골턴은 어려서부터 학자, 예술가, 과학자들에 둘러싸여 자랐다. 그러면서 골턴은 인간의 천재성 혹은 우수성은 가계를 따라 전승하는 것이라고 생각하게 되었다. 그는 그것을 증명하기 위해 주변의 유명한 과학자, 물리학자, 수학자 등의 가계를 조사했다. 그 결과 유명한 학자의 집안에서 우수한 사람이 나온다는 결론을 얻었다. 우수성이 가계를 따라 전승된다면 천재성이나 우수성은 타고나는 유전이란 말인가? 골턴은 그렇다고 생각했다.

인간의 우수성이 가계를 따라 계승된다고 굳게 믿은 골턴은 우수한 인종의 출산은 장려하고, 열등한 인종의 출산은 감소시켜야 한다고 주장했다. 이것이 그의 유명한 '우생학'이다. 그는 인위적인 선택을 통해 인류가 향상될 수 있다고 믿었다. 마치 동물이나 식물의 새로운 종을 개발하듯 우수한 능력을 가진 남녀를 여러 세대에 걸쳐 계속 짝 지으면 우수한 후손이 나올 것이라고 그는 주장했다. 대단하지 않은가. 마치 개, 소, 돼지의 품종을 개량하듯 슈퍼 인간을 개량하자는 것이다.

나중에 골턴의 이런 아이디어를 믿고 실천하고자 한 사람이 있었으니, 그가 바로 히틀러다.

형제는 얼마나 닮았을까

뉴질랜드의 작가 캐서린 맨스필드의 통통한 모습과
날씬하고 키가 큰 그녀 형제들의 모습은 퍽 대조적이다.
만약 캐서린이 날씬한 체형을 추종하는 현대에 태어났다면 어땠을까?
어쩌면 그녀는 소설이 아니라 다이어트 책을 썼을지도 모른다.
그래서 어쩌면 더 유명한, 아니 부유한 사람이 되었을지도 모른다.

천재나 유명한 사람말고 평범한 사람들은 어떨까? 오직 우수한 유전자만이 계승되는 것은 아닐 테니까 말이다. 같은 부모에게서 태어난 형제는 얼마나 비슷할까? 골턴이 관심을 가진 유명한 학자 집안의 형제는 비슷하게 우수했을까? 인간의 특성이 유전되는 것이라면 유전적으로 비슷한 가족, 그 중에서도 형제는 모든 특성에서 전혀 상관없는 사람보다 더 비슷해야 하지 않을까?

가족의 유전성을 이야기하면 이런 의문이 든다. 키가 큰 부모 밑에서 키가 큰 자녀가 태어날까? 그렇다면 그 형제는 비슷하게 키가 클까? 형제가 체형에서 아주 다를 수 있을까? 뉴질랜드의 작가 캐서린 맨스필드의 통통한 모습과 날씬하고 키가 큰 그녀의 형제들 모습은 퍽 대조적이다. 그 때도 캐서린은 형제들과 다른 자신의 모습에 괴로워했는데, 만약 날씬한 체형을 추종하는 현대에 태어났다면 어땠을까? 어쩌면 그녀는 소설이 아니라 다이어트 책을 썼을지도 모른다. 그래서 어쩌면 더 유명한 사람이 되었을지도. 이렇게 다른 모습을 가진 형제를 볼 때마다 정말 형제일까 하는 의문이 든다. 체중이나 신장 같은 신체적 특성에서 형제들은 얼마나 비슷할까?

그렇다면 우선 형제가 비슷하다는 것을 어떻게 증명할까 생각해보자. 예를 들어 형제가 지능이나 성격 혹은 신체적 특성에서 비슷하다고 어떻게 이야기할 것인가. 내가 보기에 혹은 여러 사람이 보기에 비슷하니까 형제는 비슷하다고 이야기할 것인가, 아니면 겪어 보니까 비슷하다고 할 것인가. 모든 사람이 받아들일 수 있는 좀더 객관적이고 정확한 방법이 필요하지 않을까? 지능이나 성격 혹은 신체적 특성에서 비슷하다는 객관적인 증거 말이다.

과학으로 본 형제의 유사성 — 상관이란?

골턴은 그의 제자인 피어슨과 함께 가족의 유사성을 증명하기 위해 '상관(correlation)'이라는 통계 방법을 고안했다. 상관이란 개념은 과학에서 가장 중요한 발견의 하나라고 한다. 왜냐하면 많은 통계 방법이 이 상관의 개념에서 나오기 때문이다. 상관은 검사의 타당도와 신뢰도, 그리고 요인 분석 같은 많은 통계 방법의 기초가 된다. 앞으로 상관 방법으로 나온 숫자를 많이 제시하기에 상관 개념에 대해 약간의 설명을 덧붙인다.

상관은 사회과학과 행동과학의 기초적 용어임에도 불구하고 대학생들조차 이 개념을 어려워한다. 어떻게 보면 너무나 간단한 개념인데 그것이 오히려 학생들을 헷갈리게 하는 것 같다. 상관 개념을 정확히 이해하면 많은 통계 방법을 이해할 수 있고, 기초 통계 자료를 이해하는 데 커다란 도움이 될 것이다.

앞서 말했듯이 골턴은 개인차에 관심을 가졌다. 가족이 비슷할수록 가족들간의 개인차는 작을 것이다. 비슷하다는 것은 차이가 별로 없다는 의미다. 그런데 개인차를 어떻게 판단할 것인가. 차이에 대한 판단은 무엇을 기준으로 하느냐에 따라 다르다. 기준이 정확할수록 판단도 정확할 것이다. 그래서 객관적이고 정확한 기준은 언제나 중요하다. 기준이 엉터리라면 거기서 나온 자료는 아무리 그럴듯하게 포장해도 믿을 만한 것이 못 된다.

골턴은 연구 대상이 되는 집단의 평균을 구한 뒤 각 개인이 그 평균과 다른 정도를 살펴보았다. 예를 들어 형제들을 모을 수 있는 한 많이 모아 신장이나 체중 혹은 지능을 모두 재 보았다고 하자. 세상의 모든 형제를 다 모을 수는 없으므로 일부 지역의 형제들만 모았다고 가정해 보자. 평균이란 그 집단의 개인의 점수(예, 신장이나 체중)를 모두 합한 총점을 개인의 총수로 나눈 숫자다. 따라서 평균은 그 집단의 대표치라고 할 수 있다. 최소한 그 집단의 신장이나 체중의 대표치는 되는 것이다.

(이 논리에 따르면, 집단이 달라지면 평균도 달라질 수 있다. 평균이 달라지면 기준이 달라진다는 의미도 된다. 만약 평균을 기준으로 사용한다면 말이다. 굳이 이 이야기를 하는 이유는 앞으로 나오는 모든 통계 숫자가 표본이 되는 집단에 따라 달라질 수 있다는 사실을 알아 달라는 것이다. 즉 통계 숫자를 얻은 집단이 클수록, 그리고 믿을 만할수록 거기서 얻은 통계 숫자의 신뢰도는 높다고 할 수 있다. 믿을 만한 집단이란, 편견이나 의도가 들어가 있지 않아 객관적이면서도 모집단을 대표할 수 있는 집단을 일컫는다.)

어느 집단의 평균을 알면 그 집단의 수준을 가늠할 수 있다. 예를 들어 우리 나라 남자 중학생의 평균 신장이 170센티미터라면 각 개인은 그 평균에서 얼마나 일탈했는지 알 수 있다. 어떤 중학생은 평균보다 클 것이고, 어떤 중학생은 작을 것이다. 같은 방법으로 평균 신장과 형제의 신장 차이를 계산한다.

형제의 키가 똑같다면 평균 신장과 형제의 차이는 똑같은 방향으로 차이가 날 것이고, 그렇지 않다면 다르게 나타날 것이다. 이렇게 형제 쌍마다 보이는 차이로 신장에서 형제의 관련성 정도를 계산하는 것이다. 그 수치가 바로 상관계수인 것이다.

상관계수는 두 변인이 관련되어 있는 정도에 대한 하나의 추정치로 −1.0에서 +1.0 사이의 수치로 표현된다. 두 변인의 관계란 여기서는 신장에서 형제의 관련성이지만 앞으로 지능, 성격, 질병, 정신병 등에서 형제의 관련 정도를 표시하기 위해 많은 상관계수를 제시할 것이다. 그 수많은 상관계수의 의미가 무엇인지 이해하기 위해 상관계수의 개념을 알아 둘 필요가 있다.

　상관계수의 기본 가정은 어떤 특성에서 상관계수가 1.0이면 두 형제는 그 특성에서 정확히 같다고 할 수 있다는 것이다. 형제가 100% 같은 것이다. 예를 들어 신장에서 한 형제가 크면 다른 형제도 똑같이 크고, 작으면 똑같이 작다. 이렇게 형제가 한치의 오차도 없이 똑같은 신장을 보이는 일은 드물기 때문에 1.0이 나오기는 힘들다. 상관계수가 0이면 두 형제는 그 특성에서 전혀 관계가 없다는 뜻이다. 따라서 형제의 신장은 한마디로 제멋대로라고 할 수 있다. 어떤 체계적인 형태가 없기 때문에 한 형제의 키를 보고 다른 형제의 키를 예측할 수 없는 것이다. 반대로 −1.0이면 두 형제가 그 특성에서 정반대라는 의미다. 한 형제가 크면 다른 형제는 작다는 말이다. 따라서 1.0에 가까울수록 비슷하고 0에 가까울수록 비슷하지 않다는 의미라고 할 수 있다.

형제의 몸은 얼마나 비슷할까

　그렇다면 형제의 신장과 체중의 상관은 실제로 어떻게 나올까? 형제의 신장이나 체중에 대한 상관 연구들을 살펴보면 형제의 상관은 0.50이다. 만약 형제의 신장이나 체중이 똑같다면 1.0이 나올 것이다. 완벽한 관계인 1.0의 절반 정도의 숫자가 나왔다는 것은 형제의 신장이나 체중이 절반 정도만 비슷하다는 의미다. 연구에 따라 상관계수가 조금씩 다를 수 있지만 0.50을 넘은 일은 거의 없다.

그렇다면 다른 신체 부위는 어떨까? 어떤 사람들은 보는 순간 형제임을 알 수 있다. 또 어떤 사람들은 도저히 형제라고 믿어지지 않을 만큼 다른 외모를 가졌다. 어떤 형제는 얼굴의 일부, 그러니까 눈, 입, 윤곽 혹은 미소가 비슷하다. 눈이 몰린 사람이라든가 코가 낮은 사람의 형제라면 어떨까? 얼굴의 작은 부분들을 보면 눈 사이의 간격, 코의 높이와 폭, 귀의 길이 등의 상관계수는 0.30, 눈 색깔의 상관계수는 0.20이라고 한다. 정말 별것을 다 연구했다 싶기도 하지만, 이런 조사가 없으면 또 궁금한 것이 사람인가 보다. 큰 입은 가계를 따라 비슷하게 전승된다고 하는데, 그것의 상관계수 역시 0.30 정도다. 이 숫자들을 보면 많은 형제의 외모가 다른 듯하면서도 어딘지 모르게 조금 닮은 듯한 인상이 이해될 것이다. 이런 작은 부분들이 많이 비슷할수록 전체적으로 형제의 얼굴이 비슷해 보이는 것이 아닐까 싶다.

1.0이 완벽한 관계라고 한다면 지금까지 제시된 숫자들을 볼 때 형제의 외모는 관계는 있지만, 그 관계가 그리 높지 않다는 것을 알 수 있다. 형제의 외모가 우리가 생각하는 것만큼 비슷한 것은 아니라는 얘기다. 신체적 특성 가운데 그나마 신장과 체중이 가장 비슷하다.

형이 아프면 동생도 아프다?

가족 가운데 한 사람이 질병에 걸렸을 경우
나머지 가족이 질병에 걸릴 가능성은 얼마나 될까?
한 형제가 아플 때 다른 형제가 같은 병을 보일 가능성은 얼마나 될까?

한 형제가 암에 걸리면 다른 형제가 암에 걸릴 가능성은 얼마나 될까? 형제는 질병도 비슷하게 걸릴까? 질병에서 가족의 유사성을 설명할 때는 '일치율(concordance)' 이라는 개념을 사용한다. 이것은 정신적 혹은 신체적 질병을 가진 사람의 친척이 그 질병에 걸릴 위험 혹은 가능성의 정도다. 일치율이란 한마디로 질병을 가진 두 친척의 비율을 뜻한다.

하지만 이처럼 간단해 보이는 계산에도 일련의 조건들이 있다는 것을 잊지 말아야 한다. 조건들을 알 때는 통계 숫자의 사용 한계를 알고 제대로 쓰지만, 그렇지 못한 경우 오용할 수 있기 때문이다. 여기서 제시하는 질병의 일치율은 절대적인 숫자가 아니다. 질병을 조사한 대상이나 지역 혹은 시대에 따라 결과는 조금씩 달라질 수 있다. 참고로 여기서 제시하는 일치율은 우리 나라 형제들을 대상으로 한 것이 아님을 밝힌다. 이 책에 나오는 형제에 대한 숫자는 모두 외국의 연구에서 나온 것이다. 불행히도 우리 나라의 형제에 대한 일치도 조사는 아직 이루어지지 못했다.

형제가 함께 병에 걸릴 가능성은?

질병에서 형제의 일치율을 보면 궤양 15%, 고혈압 11%, 유방암 10%, 직장암 3%, 천식 4%, 당뇨병 8%, 건초열 14% 등이다. 즉 궤양 환자의 15%는 형제 역시 궤양이 있다는 얘기다. 다른 질병도 마찬가지로 이해하면 된다. 질병에서 형제의 일치율이 예상한 것보다 낮다고 생각되지 않는지. 이 일치율을 보면 질병에서 형제는 많이 다른 것 같다.

또한 형제의 이 일치율은 아무 관련 없는 일반인들의 일치율을 고려해 다시 계산하면 더 낮아진다. 앞에 제시된 숫자보다 더 낮아지는 것이다. 일반인의 일치율을 고려하는 이유는 일반인에 비해 형제의 일치율이 높은지 비교해 봐야 하기 때문이다. 이렇게 함으로써 연구에 끼어들었을지 모를 오류 내지 오차를 최대한 줄여 잘못된 결론에 도달할 가능성을 낮추는 것이다.

예를 들어 형제의 일치율이 14%인 건초열의 경우, 일반인 집단에서 전혀 관련 없는 두 사람을 임의로 골라 일치율을 조사해 보면 얼마나 될까? 만약 아무 상관없는 사람들도 건초열의 일치율이 형제의 그것과 같다면 형제라고 특별한 것이 없지 않겠는가. 누구와도 그런 정도의 일치율은 보일 테니까 말이다. 그렇다면 건초열에서 나온 형제의 일치율은 형제와는 아무 상관없는 다른 원인에 기인한 것이 된다. 형제이기 때문에 발병 가능성이 높아지는 것은 아니라는 것이다. 하지만 형제의 일치율이 임의로 선택한 일반인의 그것보다 높다면 형제는 그 질병에서 비슷하다고 할 수 있다.

(관련 없는 두 사람을 임의로 선택한다는 것은 마치 전국에 거주하는 성인들 중 두 명을 눈감고 뽑는 것과 같다. 따라서 이 두 사람이 함께 뽑힌 것은 순전히 운이다. 운이야말로 인간에게 불규칙하게 떨어지는, 그래서 예측할 수 없는 그 무엇이다. 그런 점에서 운이란 사람이 통제할 수 없는 오차다.

이런 식으로 오차를 완전히 없앨 수는 없어도 최대한 줄여 보자는 것이다. 운에 의한 불규칙한 오차는 어쩔 수 없다 하더라도 연구하고자 하는 특성과 관련 없는 다른 모든 특성들은 가능한 한 제거하는 것이다. 이렇게 해서 연구 결과의 오염을 최소화시키려는 것이다.)

전국의 성인들 중 딱 두 사람만 뽑아 계산할 수는 없으므로 많은 사람을 임의로 뽑아 일반인의 건초열 일치율을 계산했다고 하자. 그 결과 일치율이 14%라고 한다면 형제라고 특별히 더 비슷할 것이 없다는 얘기다. 일반 집단의 건초열의 일치율을 고려하면 건초열에서 형제의 상관계수는 0이 되고 만다. 0! 그렇다면 한 형제가 건초열에 걸리는 것과 다른 형제가 건초열에 걸리는 것은 전혀 관계가 없다는 뜻이다. 실제로 일반인을 대상으로 건초열의 일치율을 조사하면 14%라고 한다.

다른 질병에서 일반인 집단을 고려해 형제의 상관을 계산하면 궤양 0.10, 고혈압 0.07, 유방암 0.06, 당뇨병 0.06, 결장암 0.05, 아동 습진 0.03, 직장암 0.02, 천식 0.07, 건초열 0이라고 한다. 일반인의 일치율을 고려한 경우 형제만으로 계산한 것보다 형제의 관련성이 낮아진다. 완벽한 관계인 1.0이라는 숫자와 이 숫자들을 비교해 보면 질병에서 형제의 일치율이 어느 정도인지 짐작할 수 있다.

여기서 두 가지 사실을 알 수 있다. 하나는 한 형제가 병에 걸리더라도 다른 형제가 그 병에 걸릴 가능성은 아주 낮다는 것이다. 또 하나는 질병에 따라 형제의 관련성이 다른 것은 각 질병이 형제에게 미치는 영향이 다르다는 의미다.

결론적으로 신체적 특성과 질병에서 형제의 유사성을 보면 신장과 체중에서 가장 비슷하고, 얼굴 및 다른 신체적 특성에서 중간 정도로 비슷하고, 질병에서 가장 다르다고 할 수 있다. 그러나 유사성이 가장 높은 신장과 체중에서도 반은 비슷하고 반은 다르다고 볼 수 있다.

저명한 가문에서 뛰어난 사람이 나올 확률은?

골턴에 따르면 저명한 사람이 나온 가계에서 뛰어난 사람이 나올 가능성은
남자 형제의 경우 100사례당 13.5라고 한다.
뛰어난 사람들의 13.5%의 형제가
비슷하게 우수한 능력을 보인다는 것이다.
그러면 그 나머지 86.5%의 형제들은 무엇인가.

신체적 특성이 그러하다면 심리적 특성은 과연 어떤지 살펴보자. 사실 골턴이 관심을 가진 천재성이나 우수성은 심리적 특성이다. 인간의 우수성에 관심이 많던 골턴은 지적 능력을 측정하려고 했다. 그런데 재미있는 점은 골턴이 잘못된 검사를 만들어 지력을 측정했다는 사실이다.

놀라운 능력을 가진 골턴이 어째서 그런 실수를 했을까? 인간의 지적 능력에 대해 잘못된 가정을 했기 때문이다. 잘못된 가정으로 지력 검사를 했으니 그가 측정한 것은 지력이 아닌 다른 능력일 수밖에 없었다. 골턴 이후에도 많은 이가 지능에 대한 잘못된 가정

으로 잘못된 검사를 시행했다.

골턴의 가정은 인간의 지적 능력이 유전에 의해 계승되고, 그 지적 능력은 인간의 감각 능력에 그대로 반영된다는 것이었다. 지능이 높을수록 감각적 변별 능력도 높으리라는 것이다. 이런 가정 아래 그는 사람의 감각적 능력을 측정했다. 그의 가정대로라면 머리가 좋은 사람은 감각적 반응이 더 빠르고 정확하단 말인가? 더 높은 소리를 듣고, 더 빨리 듣고, 더 잘 보고, 다른 자극들을 더 잘 변별하고?

골턴은 현미경, 전보 기계, 항해 신호 장치 같은 것을 만들어 낸 사람이다. 그런 그가 많은 사람의 능력을 빠르게 측정하기 위한 도구들도 고안해 낸 것이다. 정녕 대단한 사람이다. 그는 자신이 알고자 하는 것이 있을 때 기존의 방법이 없으면 새로운 방법을 고안해 자신의 지적 탐구심을 충족시켰다. 사람이 들을 수 있는 가장 높은 소리의 빈도를 알아보기 위해 호루라기를 만든 뒤 사람뿐만 아니라 동물에게도 실험했다고 한다. 런던 사람들은 이것을 '골턴 호루라기' 라고 불렀다나.

그는 지력 검사를 할 때 두 곳의 색깔의 일치를 판단하는 능력을 측정하는 광도계, 소리와 빛에 대한 반응 시간을 측정하는 눈금이 그려진 진자 등을 사용했다고 한다. 지금 보면 어이없어 웃음만 나오지만 놀랍게도 9,000명 이상의 런던 시민들이 그것도 돈을 내고 검사를 받았다는 것이다.

골턴은 같은 성별의 형제의 감각 능력을 측정해 상관을 내기도 했다. 그 결과 형제의 시력의 민감성은 0.19, 들을 수 있는 가장 높은 음은 0.31, 반응 시간은 0.35, 그리고 움켜잡는 힘은 0.32였다. 그렇다면 이 형제의 상관은 일반 집단의 상관보다 높은 것인가? 그건 모르겠다. 1세기 전에 나온 형제의 상관에 대한 골턴의 자료는 이런 낮은 단계의 행동에 대한 불완전한 것뿐이다.

그런데 인간의 우수성에 관심을 가진 골턴 자신은 어떤 사람이었을까? 우수한 사람이었을까? 골턴은 지문(처음으로 발견), 패션, 미(美)의 지리학적 분포, 인종의 미래 등 수없이 다양한 주제에 대해 호기심을 가지고 연구했다. 그의 지적 호기심과 탐구심은 마치 널뛰듯 이리저리 옮겨 다녔다. 그의 수많은 발견과 발명품을 보면 그처럼 새로운 아이디어와 천재성을 보인 사람도 없다는 심리학계의 평가가 틀리지 않은 듯하다. 그런 엄청난 생각과 발명을 한 골턴 자신은 얼마나 우수한 사람이었을까?

뛰어난 사람들의 형제 가운데 열에 아홉은 뛰어나지 않다

후세 사람들은 골턴의 다양한 업적을 놓고 그의 지능을 추정했다. 그 당시에는 지금과 같은 지능 검사가 없었기에 그의 정확한 지능은 알 수 없다. 그가 만든 검사로 측정했다면 골턴 자신의 지력은 어떻게 나왔을까? 알 수는 없지만 왠지 높게 나왔을 것 같다. 후세 학자들이 그의 지능을 200 정도로 추정할 만큼 그는 뛰어난 사람이었다. 골턴은 유명한 찰스 다윈의 사촌이기도 하다. 다윈의 사촌이기에 골턴도 우수한 사람이라는 이야기는 아니지만, 그의 가계가 대단했던 것만은 틀림없는 것 같다.

골턴은 인간의 우수성에 대한 유전의 영향을 연구하기 위해 우수한 가계를 조사했다. 그런데 그는 연구 대상을 명성에 근거해 선정했다고 한다. 명성이라니? 뛰어나기에 유명하다는 말인가? 그는 왕조 수립 이래(1660~1868년) 영국의 뛰어난 판사, 정치가, 군인, 작가, 시인, 과학자, 음악가, 화가들의 가계를 연구했다. 그리고 유전의 중요성을 평가하기 위해 그 집안의 일촌, 이촌, 삼촌들의 유사성을 비교했다. 그의 연구는 형제의 유사성을 처음으로 평가한 시도라고 한다.

골턴의 이 연구에 따르면 저명한 사람이 나온 가계에서 뛰어난 사람이 나올 가능성은 남자 형제의 경우 100사례당 13.5라고 한다. 뛰어난 사람들의 13.5%의 형제가 비슷하게 우수한 능력을 보인다는 것이다. 그는 13.5% 형제의 우수성이 가족의 놀라운 유사성을 나타내는 증거라고 했다. 그런데 후대 학자들은 반대로 뛰어난 사람들의 86.5%의 형제가 뛰어나지 않다는 사실에 주목했다. 오히려 이 숫자가 더 크고 놀라운 것 아닌가.

사실 형제가 같은 분야든 다른 분야든 함께 유명하기는 쉽지 않다. 문학에서의 브론테 자매, 비행기를 만든 라이트 형제, 심리학과 문학에서 각각 두각을 드러낸 제임스 형제 같은 소수의 예외가 있기는 하다. 한 가정에서 우수한 사람이 한 명이 나오기도 힘든데 형제가 나온다는 것이 어디 그리 쉬운 일이겠는가. 그러니 우

리 나라에서 여러 형제를 모두 명문대에 보냈거나 고시에 합격시
켰거나 박사 학위를 따게 만들었다면 화제가 되는 것 아니겠는가.

형이 똑똑하면 동생도 똑똑할까

어린 시절에는 머리 좋은 아이가 머리 좋은 형제를 가질 확률이 높다.
그러나 성장하면서 머리 좋은 아이와 그의 형제는
지적 능력에서 점점 차이를 보인다.
왜 그럴까? 도대체 성장하면서 무슨 일이 있었기에…….

학자든 일반인이든 가장 궁금해하는 심리적 특성은 지능, 성격, 그리고 정신병인 듯하다. 이 특성에서 형제는 얼마나 비슷할까? 먼저 지능을 보자. 2만 5,000형제 쌍에게 지능 검사를 실시한 결과 상관계수가 0.47이 나왔다. 이 상관계수는 신장이나 체중에서의 상관계수와 비슷한 정도다. 형제의 지능이 똑같다면 1.0이 나와야 하는데, 0.47 정도 나왔다는 것은 형제는 지능에서 서로 비슷한 만큼 다르다는 의미다.

이 연구의 대상인 형제들은 대부분 아동인데 성인이 되면 상관계수는 더 낮아진다. 성인을 대상으로 한 연구를 보면 상관이

0.31로 나타나 지능에서 형제의 차이는 유사성을 훨씬 넘어서고 있다. 쉽게 말하면 아동기에서 성인기로 가면서 형제의 지능이 점점 더 달라진다는 것이다.

왜 그럴까? 아동기를 지나 성장할수록 형제의 교육이나 경험에서 차이가 나기 때문일까? 어린 시절에는 한 집에서 살며 많은 환경을 공유하지만 아동기 이후에 각자 다른 환경에서 다른 경험을 보다 많이 하기 때문인가? 아니면 유전에서 차이가 나는 것일까? 유전에서 차이가 난다면 왜 그것이 아동기 이후에 더 나타날까? 이에 대한 이야기는 유전과 환경 부분에서 다루기로 하자.

여기서 말하는 지능이란 지능 검사로 측정한 지능지수(IQ)를 의미한다. IQ는 중요한 대표치이기는 하지만, 우리의 지적 능력 전부를 나타내는 것은 아니다. IQ가 일반적인 지적 능력이라면 언어 능력, 공간 능력, 기억력, 지각의 속도 같은 능력은 특수한 인지 능력이라고 할 수 있다. 이런 특수한 인지 능력에서 형제는 얼마나 유사할까? 성인 형제를 대상으로 평가한 형제의 상관은 어휘력에서 0.35, 언어 유창성 같은 언어 검사에서 0.25, 3차원의 대상을 회전시키는 것과 같은 공간 능력에서 0.25, 기억력 검사에서 0.15였다.

일반적인 지능보다 특수한 인지 능력에서 형제는 더욱 다르다고 한다. 하와이가족연구에서 2,000여 가족을 대상으로 특수한 인지 능력을 검사했다. 부모와 자녀 그리고 형제를 비교한 결과 지각 속도나 기억보다 언어와 공간에서 가족의 유사성이 큰 것으로 나타났다. 다시 말하면 언어 능력과 공간 능력에서 좀더 비슷한 편이라고 할 수 있다. 또한 특수한 인지 능력의 종류에 따라 형제의 유사성이 다르게 나타났다.

형제의 정신 능력이 이렇게 다르다면 학교에서의 학업 성취는 어떨까? 당연히 학업 성취도 다르지 않을까? 그러나 학업 성취에는 정신 능력만이 아니라 다른 요인들, 즉 동기, 정서, 태도 등이 영향을 준다. 그리고 지능 검사는 이런 정서적 요인을 측정하지 않는다. 따라서 IQ로써 학업 성취를 예측하는 힘이 초등학교에서 대학교로 갈수록 떨어진다. IQ가 높은 아이가 학교 공부도 잘할 것이라는 예측이 학년이 올라갈수록 약해지는 것이다. 그렇다면 성장할수록 학업 성취에는 우수한 머리보다 학업에 대한 동기 내지 태도가 더 중요하다는 이야기 아닌가.

학업 성취에 영향을 주는 다른 요인들로 인해 정신 능력에서보다 학업 성취에서 형제는 보다 비슷하게 나타난다. 일반적으로 학업에서 형제의 상관은 0.50보다 약간 높게 나타난다. 그렇다면 동기, 정서, 태도 등의 요인에서 형제가 비슷하기 때문에 학업 성취에서도 형제가 비슷한 것일까?

어떤 장애가 유전될까

그렇다면 한 형제가 정신 능력에 결함을 보인다면 다른 형제가 같은 결함을 보일 가능성은 얼마나 될까? 이것은 장애를 가진 사람이 있는 가족에게 굉장히 중요한 질문인지도 모른다. 이미 앞에서 신체적 특성, 질병, 정신 능력에서 형제의 유사성이 다르다는 것을 알아보았다. 마찬가지로 어떤 정신 결함을 보이느냐에 따라 형제의 유사성과 차이는 다르다.

가족연구를 보면 읽기 장애는 가족에서 계승되는 듯하다. 여기서 장애라고 할 때는 읽기 문제를 가진 정도가 아니라 전문가에 의해 진단된 경우를 의미한다. 읽기 장애로 진단된 아동의 부모와 형제의 읽기 능력은 어떨까? 부모와 형제는 잘 읽는데 그 아이만 읽기 문제를 심각하게 보이는 것일까? 장애 아동의 부모와 형제는 비교 집단(정상) 아동의 부모와 형제보다 읽기 검사에서 낮은 수행을 보였다. 물론 이런 가족 유사성은 유전뿐만 아니라 가족의 환경에 기인할 수도 있다. 읽기 문제를 가진 부모는 아이의 읽기 능력을 발달시키는 데 필요한 도움을 많이 주지 못할 수 있기 때문이다.

그러나 쌍생아연구를 보면 유전적 요인이 강하게 작용하는 것이 드러난다. 일란성 쌍생아 가운데 한 아이가 읽기 장애를 보일 경우 다른 쌍생아가 읽기 장애를 보일 가능성은 84%이며, 이란성의 경우는 29%라고 한다. 일란성 쌍생아는 유전적으로 완벽하게 일치하는 반면 이란성 쌍생아는 보통 형제와 유전적으로 별로 다를 것이 없다. 그러나 일란성이나 이란성이나 쌍생아는 보통 형제보다 환경이 더 비슷하리라고 예상할 수 있다. 만약 환경이 읽기 장애에 큰 영향을 준다면 보통 형제보다 공유한 환경이 더 많은 일

과 환경이 주는 영향의 비율에 매달릴 필요는 없다. 다만 유전의 영향이 큰지 작은지, 환경의 영향이 큰지 작은지 정도로 이해하면 되지 않을까.

가족연구에서 나온 실제 자료를 가지고 유전과 환경의 영향을 추정하기 전에 할 일이 있다. 사람들은 선천적으로 타고난 그 알 수 없는 복잡한 유전적 코드보다 눈에 보이고 변화가 가능해 보이는 환경에 대해 이야기하기를 좋아한다. 부모에게서 물려받은 유전적 코드를 수정하기보다 우리가 살고 있는 환경을 변화시켜 보다 나은 발달을 꾀하는 것이 더 그럴듯해 보이기 때문이다. 그렇지 않은가. 알 수 없는 타고난 유전적 가능성을 어떻게 변화시키겠는가. 그보다는 눈에 보이는 조건, 즉 환경에 개입하는 것이 더 낫지 않겠는가. 최근 들어 더욱 각광받고 있는 환경의 영향에 대한 이야기를 해 보자. 도대체 형제를 다르게 만드는 환경이란 무엇인가?

3

형제 차이, 그렇게 길러지는 것인가

형제가 특별한 이유가 무엇인가

형제는 유전과 환경을 공유하기에
낯선 사람보다 비슷할 것이라고 우리는 생각해 왔다.
그런데 형제는 비슷하기보다 달랐고, 그 한 원인이 형제의 환경 차이란다.
그렇다면 이제까지 형제가 공유한다고 믿은 환경은 무엇이란 말인가.

어떤 이는 소설가 제임스 조이스와 그의 형제 스태니스라우스를 돈키호테와 산초에 비교했다. 그만큼 그들의 성격이나 모습은 달랐다. 제임스가 강렬하고, 내성적이며, 자기 생각에 열중하는 타입이라면 스태니스라우스는 거칠고, 개방적이고, 조금 둔감하다고나 할까. 스태니스라우스 스스로 제임스와 자신의 차이는 정도의 차이라기보다 종류의 차이라고 했다. 이런 형제 차이는 어디서 오는 것일까?

형제가 다른 이유 중의 하나는 형제의 유전적 차이 때문이다. 형제는 다른 유전적 특성을 가지고 태어난다. 같은 부모에게서 나왔지만 앞에서 설명했듯이 탄생 과정에서 조금 다른 유전적 배열을 갖게 된다. 다음 장에서 형제의 다양한 행동에 미치는 환경과 유전의 영향을 알아보기 위해 가족연구의 결과들을 살펴볼 것이다. 그 연구 자료를 보면 형제 차이에 미치는 유전적 영향은 신체적 특성의 경우 60~80%, 심리적 특성의 경우 30~40%로 추정하고 있다. 어떤 심리적 특성이냐에 따라 유전적 영향은 조금씩 다르다. 그러나 형제 차이를 가져오는 유전적 차이의 영향이 40%를 넘는 경우는 별로 없다.

유전적 차이와 환경의 차이

그렇다면 나머지 3분의 2는 어디서 오는 것인가. 유전적 영향으로 설명되지 않는 형제 차이의 나머지는 과연 어디서 오는 것인가. 그것은 유전적 요인이 아닌 비유전적 요인에서 온다는 의미다. 비유전적 요인이란 무엇인가. 행동유전학 연구에서 환경은 비유전적 요인을 모두 포함한다. 질병, 영양 상태와 같은 생물학적 요인부터 심리, 사회적 환경까지 모두 포함한다. 물론 여기서도 그런 모든 요소를 포함한 의미로 환경이란 말을 사용할 것이다.

형제 차이를 가져오는 환경이란 무엇인가? 이는 상당히 혼란스러운 부분이다. 오랫동안 발달 연구를 지배해 온 관점과 상반되는 이야기를 해야 하기 때문이다. 형제가 다른 사람들과 다른 이유는 무엇인가? 아니 이렇게 묻는 것이 더 나을 것 같다. 형제가 특별한 이유는 무엇인가? 형제란 오랫동안 한 가정에서 자라기에 환경을 공유하고, 같은 부모를 가졌기에 유전을 공유하고, 그래서 관련 없는 사람들보다 비슷하다고 우리는 생각해 왔다. 그런 점에서 형제는 낯선 사람들과는 구별되는 특별한 존재였다. 지금까지는.

그런데 형제에 대한 연구 결과를 보면, 한 가족 내의 형제는 비슷하기보다 다르다는 것이다. 우선 형제가 다른 정도가 예상을 훨씬 넘어서기에 당혹스럽다. 그리고 그런 형제 차이는 유전적 차이와 환경의 차이에서 온다는 것이다. 환경의 차이? 그렇다면 이제까지 형제가 공유한다고 믿어 온 환경은 무엇인가? 두 가지를 생각할 수 있다. 하나는 공유한 환경이 형제의 발달에 영향을 주지 못한다는 것이다. 다른 하나는 형제의 발달에 영향을 주는 것은 공유하지 않은 환경이라는 것이다. 여기서는 환경에 대한 이 두 가지 의견을 살펴보려고 한다.

공유한 경험과 공유하지 않은 경험

형제 차이의 원인은 가정 내에서의 형제의 경험 차이에서 찾아야 한다.
형제는 비록 같은 환경에 노출될지 모르지만, 분명 다른 경험을 하고 있다.
거의 모든 환경의 영향이 같은 가정에서 자라는 아이들을
비슷하게 만들기보다 다르게 만든다.

환경에는 두 가지가 있다. 하나는 공유한 환경(shared environment)이고, 다른 하나는 공유하지 않은 환경(nonshared environment)이다. 이제까지 우리가 아는 환경은 주로 공유한 환경이다. 행동유전학도 유전과 공유한 환경에만 관심을 가져 왔다. 공유한 환경이란 흔히 가족이 함께 하는 환경이다. 가족 구성원 모두에게 공통적인 환경이다. 한번 생각해 보라. 이제까지 가족이 함께 누려 온 부모의 직업, 교육 정도, 애정, 훈육, 재정적 지원, 가족의 여가 활동, 가족 행사, 친척의 죽음 등등.

그래서 가족간(between-family)에는 차이가 날 수 있지만, 가

족 내(within-family)의 구성원에게는 모두 같은 영향을 준다고 보았다. 한 가족의 형제는 비슷하게 경험하고 비슷하게 영향을 받는다고 가정한 것이다. 이런 가정 아래 지금까지의 연구들은 가족 간 비교 방법을 사용해 가족 변인과 아이의 발달 간의 관계를 찾아왔다.

예를 들어 부모의 자녀 양육 방식과 아이의 특정 행동의 관계에 대해 연구한다고 가정해 보자. 한 가족당 한 아이를 선정해서 각 가정의 부모의 자녀 양육 방식을 알아보고, 각 가정의 초등학생의 사회적 능력을 측정한다.

이렇게 수백 가정으로부터 자료를 수집한다. 부모의 자녀 양육 방식에 따라 아이는 다른 행동을 보일 것이라는 가정 아래 실제 자료에서 그 관계를 찾으려는 것이다. 그래서 결과는? 독재적인 양육 방식을 보이는 가정의 아이는 위축된다는 것을 발견했다고 가정해 보자. 그럴듯하지 않은가.

형제의 차이를 설명해 주지 못하는 가족간 비교

그러면 이 연구 방법의 문제는 무엇일까? 지금까지 이렇게 연구해 왔는데 무슨 문제가 있느냐고? 이런 연구 방법의 기본 가정은 부모가 가정의 모든 자녀를 비슷하게 양육한다고 간주하는 것이다. 즉 형제간에 차이가 없다고 가정하는 것이다. 따라서 한 가정당 한 명의 아이를 대상으로 연구를 해도 충분하다. 그런데 과연 그럴까? 과연 부모는 비슷하게 아이들을 대할까? 그리고 아이들은 비슷하게 경험할까?

이 때 형제가 문제가 되는 것이다. 독재적인 부모는 모든 자녀를 비슷하게 권위적으로 대할 것이라는데, 정말 그럴까? 부모는 자신에게 반항하는 자녀에게는 강압적인 방법을 사용해서라도 자신의 말에 순종하게 만들려고 할 것이다. 물리적 체벌을 가한다거나 말로 위협을 가하거나 하는 식으로 말이다. 그런 반면 자신의 명령이나 요구에 잘 따르는 자녀에게는 비교적 덜 권위적으로 대할 수 있다. 순종적인 자녀에게 굳이 가혹하게 대할 이유가 없지 않은가. 이런 경우 형제가 같은 경험을 한다고 할 수 있을까?

형제가 비슷한 경험을 한다고 보기 때문에 가족 내의 차이를 묻지 않고 가족간의 차이를 물은 것이다. 그런데 가족 내에서 형제는 다른 경험을 하고 그것이 형제 차이를 가져온다면, 가족간의 비교는 잘못되었다는 것이다. 진정으로 개인차를 연구하고자 한다면 가족 내 비교를 해야 한다는 것이다. 그것은 한 가정당 한 명이 아니라 그 이상의 아이를 대상으로 해서 연구하는 것이다. 앞에 든 예를 다시 보자. 부모의 양육 방식과 아이의 다른 발달을 연구하고자 한다면 다음과 같이 하는 것이다. 부모의 형에 대한 양육 방식과 동생에 대한 양육 방식을 측정하고, 그 다음 형과 동생의 사회적 능력을 각각 측정한다. 그래서 부모의 양육 방식에 따라 형제의 사회적 능력이 다른지 알아보는 것이다.

지금까지 사용해 온 가족간 비교 방법이 그렇게 잘못된 것인가?

가족 내 형제의 경험이 같다는 가정을 하지 않는다면 괜찮지 않을까? 가족간 비교 방법이 각 가정의 부모와 대상 아이의 관계를 살피는 것이지 가정 내의 다른 형제와의 관계까지 추론하는 것이 아니라면 말이다. 그러므로 가족간 연구에서 부모의 일반적인 행동이 아니라 대상 아이에 대한 부모의 행동을 측정해야만 한다. 왜냐하면 부모의 행동이 아이에 따라 다를 수 있기 때문이다. 아이의 경우도 마찬가지다. 아이에 따라 부모에 대한 행동이 다를 수 있다.

가족간 비교 방법이 연구 대상인 아이의 발달에 의미 있는 영향을 주는 경험을 찾아낸다면 문제될 것이 없을 것 같다. 가족간 비교 방법에서 나온 결과를 지나치게 일반화하지 않는다면 말이다. 분명한 것은 가족간 비교 방법은 형제의 차이를 설명해 줄 수 없다는 것이다. 그런 이유로 지금까지 형제 차이를 설명하는 연구 결과나 그럴듯한 이론이 없는 것이다. 이제까지 가족 내 연구보다 가족간 연구가 일반적으로 이루어졌기 때문이다. 우리가 형제 차이의 원인을 알고자 한다면 당연히 가정 내에서 형제의 경험 차이를 살펴보아야 한다. 형제의 공유하지 않은 경험 말이다.

형제는 같은 환경을 다르게 경험한다

그러면 이제까지 그 많은 연구에서 가정한 공유한 경험이란 무엇이었단 말인가. 먼저, 공유한다는 의미는 무엇일까? 형제는 같은 부모 밑에서 같은 음식을 먹고, 같은 학교를 다니고, 같은 활동을 할 수 있다. 분명히 형제가 노출된 환경은 같아 보인다. 단순히 노출된 환경이 같다고 해서 형제가 경험한 환경이 같은 것은 아니다. 부부가 서로의 관계를 다르게 지각하고 느끼는 것과 비슷하다고나 할까. 남편이 사랑한다는 말을 자주 하는데도 아내는 충분하지 않다고 느낀다면 누구의 말이 옳은가. 어쩌면 두 사람의 말이 다 옳을지도 모른다. 두 사람이 애정이나 친밀을 다르게 느낀다면 그 차이는 두 사람의 공유한 경험에서 나온 것일까? 두 사람이 느끼는 애정이나 친밀의 차이는 두 사람의 다른 경험에서 올 것이다.

그렇다면 형제의 공유하지 않은 경험을 다루기 전에 한 가지 질문을 다시 하지 않을 수 없다. 한 가정에서 경험하는 비슷한 혹은 공유한 경험은 형제의 삶과 발달에 전혀 영향을 주지 못하는 것일까? 결론부터 이야기하자면, 일단 형제가 공유한 환경은 많지 않으며 아이의 발달에 미치는 영향도 크지 않다는 것이다. 도대체 형제가 공유한 환경이 얼마나 되기에 그 영향이 미미하다고 할까?

앞에서 같은 학교를 다니고, 같은 놀이를 하고, 같은 교사에게 음악 레슨을 받고, 심지어 같은 치료자에게 다니며, 같은 양육 방식으로 길러진 상류층 가정의 형제가 완전히 다른 삶을 사는 노동 계층의 아이들보다 성격적으로 비슷하지 않다고 했다. 형제는 성격에서 큰 차이를 보이는데, 여기서 공유한 환경의 영향은 얼마나 될까? 입양 형제는 유전은 공유하지 않고 환경만 공유한 형제다. 입양 형제가 보이는 유사성은 말 그대로 순전히 함께 자란 환경에서 온다고 할 수 있다. 그래서 결과는? 입양 형제의 성격의 상관은 0.05다. 이것은 입양 형제의 성격 중 5%가 공유한 환경에서 온다는 의미다. 단 5%.

성격은 다른 심리적 특성보다 형제 차이가 많이 나는 특성이라서 형제의 공유한 경험이 거의 영향을 주지 못했을 수도 있다. 그렇다면 다른 특성에서는 공유한 환경의 영향이 더 많이 나타날까? 그렇지 않다. 다른 심리적 특성들에 미치는 공유한 환경의 영향 역시 성격에서보다 크지 않다. 질병의 경우 형제 차이의 대부분이 비유전적 요인에서 온다고 했다. 그리고 비유전적 요인의 대부분은 형제의 공유하지 않은 환경에서 온다. 이에 대한 설명은 유전과 환경을 다루는 다음 장에서 보다 자세히 다룰 것이다.

예외가 있기는 하다. 이 예외는 주로 인지적 능력과 관련된 것이다. 아동기까지는 지능에 형제의 공유한 환경이 영향을 준다. 그러나 아동기 이후 지능에 미치는 공유한 환경의 영향은 급속히 감소한다. 지능에 대한 자료만큼 자료가 많지는 않지만, 최소한 어린 시절에는 형제의 학업 성취나 언어 능력에서 공유한 경험의 영향이 나타나고 있다.

한 가지 중요한 사실은 이런 인지적 능력에서 공유한 경험이 의미 있는 영향을 준다고 해서 공유하지 않은 경험의 영향이 없는 것은 아니라는 것이다. 이 때도 공유하지 않은 경험이 인지적 능력의 발달에 영향을 준다. 더욱이 아동기 이후에는 형제의 공유한 경험의 영향은 줄어들지만, 공유하지 않은 경험의 영향은 증가한다.

인지적 능력에서 나타나는 공유한 경험과 공유하지 않은 경험의 영향이 아이의 연령과 함께 변화하는 형태는 무척 흥미롭다. 그 변화의 이유가 흥미롭기 때문이다. 이에 대해서는 다음 장에서 다룰 것이다.

부모는 형제를 다르게 대하고 형제 역시 형제들을 다르게 대한다. 부모는 열 살짜리 아이와 다섯 살짜리 아이를 다르게 대한다. 말투도, 기대도, 요구도, 애정 표현도 다르다. 형제 역시 형과 동생을 다르게 대한다. 부모나 형제가 비슷하게 대한다고 해도 아이가 다르게 경험할 수 있다. 형제는 같은 가정에서 자라고 같은 환경에 노출될지는 모르지만, 분명 다른 경험을 하는 것이다. 그리고 형제의 그런 다른 경험이 형제 차이를 가져오는 것이다. 바로 형제의 다른 경험, 특수한 경험이 형제의 공유하지 않은 경험이다.

행동유전학자들은 공유하지 않은 환경에 대한 발견이 굉장히 중요하고 혁신적이라고까지 말하고 있다. 도대체 무엇이 그리 중요하다는 것일까. 오랫동안 우리는 공유한 경험이 우리의 발달에 영향을 주고, 그 공유한 경험이 형제를 비슷하게 만든다고 생각했다. 그런데 형제에 대한 연구 결과는 오랫동안 우리를 지배하던 생각과 어긋나는 것이다. 형제는 비슷하기보다 달랐다.

지금까지 형제가 비슷하다고 가정할 수 있던 모든 가정이 무너져 내리는 것이다. 공유한 유전과 공유한 환경에 대한 가정들 말이다. 형제가 공유하고 있다고 믿은 이런 모든 것이 맞고 옳았다면 형제는 모든 특성에서 비슷하게 나타났을 것이다. 결과는? 형제는 비슷하기보다 달랐다. 형제의 성격 같은 경우는 아주 달랐다. 이제부터 형제의 유사성보다 형제의 차이를 설명해야만 하는 것이다.

형제의 유사성을 가져오는 원인과 형제 차이를 가져오는 원인은 같다. 즉 형제의 유전과 환경의 차이인 것이다. 던과 플로민은 거의 모든 환경의 영향이 같은 가정에서 자라는 아이들을 비슷하게 만드는 것이 아니라 다르게 만든다고 했다. 이 말은 아이들의 발달에 중요한 환경 요인이 같은 가정의 형제를 다르게 만든다는 것이다. 물론 이 중요한 환경이란 형제의 공유하지 않은 환경이다.

결국 형제는 겉으로 보기에 대부분의 환경을 공유하는 듯 보이지만, 실제로 다른 경험을 하고 있는 것이다. 이 다른 경험이 형제 각자의 공유하지 않은 경험이고, 이것이 형제의 다른 발달을 이끈다. 극단적으로 표현하면 다른 형제와 사는 것은 마치 낯선 사람과 사는 것과 비슷하다고 할 수 있다. 그만큼 나와 다른 사람과 사는 것이다. 나와 다른 경험을 하며 다른 길을 가는 사람, 그것이 나의 형제다.

공유하지 않은 환경이란?

소설 《에마》의 여주인공은 가정 내에 있지 않은 사람은
그 가정의 어려움이 무엇인지 절대 말할 수 없다고 했다.
제3자가 보는 가정은 가족 구성원이 보는 가정과는 다르다.
가정 내에서조차 당사자가 아니면 정확히 모를 수 있다.
그래서 부모나 형제조차도 다른 가족의 어려움을 이해하지 못할 수 있다.

우리는 앞에서 여러 특성에서 형제가 비슷하기보다 얼마나 다른가를 살펴보았다. 물론 형제는 전혀 상관없는 낯선 사람보다 여러 특성에서 비슷하다고 할 수 있다. 그러나 차이가 유사성을 훨씬 능가한다. 형제는 비슷하기보다 다르다는 편이 더 맞는 이야기다. 그나마 나타나는 형제의 작은 유사성은 형제의 공유한 경험에서 나온 것이 아니고, 형제의 공유한 유전에서 나온 것이다. 결국 같은 가정에서 함께 성장하며 공유한 환경은 형제를 비슷하게 만들지 못하는 것이다.

형제가 다른 이유는 형제의 유전과 환경의 차이에서 온다. 특히

형제의 차이를 이끄는 공유하지 않은 환경에 대한 발견은 행동유전학의 혁신적인 발견이라고 할 수 있다. 개인차의 원인을 가족 대 가족의 차이에서 찾은 기존의 관점을 무색하게 만들었기 때문이다. 진정한 개인차의 원인은 가족 대 가족의 차이가 아니라, 가족 내에서의 차이에 있는 것이다.

지금까지 학자들은 가정간의 차이를 보이는 요인들, 예를 들면 사회 경제적 지위, 부모의 교육 정도, 부모의 결혼 관계 등이 아이의 발달에 어떤 영향을 주는지를 연구했다. 이 관점은 이런 요인들이 같은 가정의 아이들에게 유사한 방법으로 영향을 주었을 것이라고 가정한다.

그러나 형제는 비슷하기보다 달랐다. 그렇다면 부모가 형제에게 비슷하게 쏟아 붓는 그 모든 교육적 투자가 형제를 비슷하게 만들기보다 다르게 만든단 말인가?

부모가 형제에게 제공한 환경은 최소한 어린 시절에 일부의 인지적 능력에 영향을 주는 듯하다. 그러나 일부 인지적 능력에서 나타나는 공유한 경험의 영향을 과대 평가하지 말기 바란다. 왜냐하면 공유한 경험의 효과가 나타나는 인지적 능력에서조차 형제의 유사성의 상관이 0.50을 넘지 못하기 때문이다. 결국 인지적 능력에서도 형제는 비슷한 만큼 다르다는 것이다.

왜 한 가정에서 자란 형제가 다른가 하는 질문에 대한 답을 얻기 위해서는 한 가정의 형제를 연구하는 수밖에 없다. 한 가정에서 형제가 겪는 경험의 차이를 살펴봄으로써 형제 차이의 원인을

지 않으려고 한다. 그리고 그 다음다음 세대의 완두콩들이 어떻게 되었는지 역시 말하지 않으려고 한다. 완두콩 가문의 그 길고 긴 심오한(?) 계보는 생물학 관련 책들 곳곳에 나와 있으니 말이다.

아마도 어떤 이들은 완두콩 이야기를 또다시 들어야 하나 싶어 조마조마했을 것이다. 멘델의 완두콩과 자신을 연결시킬 수 없는 사람들을 위해 다른 예로 설명해 보려고 한다. 유전적 계승이 얼마나 어처구니없는 일인가에 대해서 말이다. 어처구니없는 이유는 운이 많이 작용하기 때문이다. 마치 도박장의 룰렛 판이 돌다가 어느 숫자에서 멈출지 아무도 예측할 수 없는 것처럼 말이다. 어쩌면 그래서 삶이 더 흥미로운지도 모르겠다.

형제의 유사성과 차이를 가져오는 것은 수정과 감수 분열을 통한 임의적 선택이라 할 수 있다. 아버지의 정자와 어머니의 난자는 23개의 염색체를 가지고 있는 유일한 세포다. 부모의 다른 세포들은 모두 46개의 염색체를 가지고 있다. 정자와 난자는 감수 분열 과정을 통해 46개 염색체의 50%인 23개의 염색체를 갖게 된다. 이 감수 분열 과정에서 어느 염색체가 정자 혹은 난자로 가느냐는 순전히 우연적인 선택일 뿐이다. 결국 아버지의 정자마다 어머니의 난자마다 염색체 구성이 조금씩 다르다. 그럼 삶의 룰렛이 벌써 한 번 돈 것인가? 어쨌든 아버지 염색체의 반을 그리고 어머니 염색체의 반을 받아 46개의 염색체를 가진 수정란이 탄생한다. 이것이 바로 우리의 시작이다. 이렇게 아이는 부모의 유전인자 반을 계승 받는다.

이것을 카드 놀이로 설명해 보자. 카드 놀이를 할 때 제일 먼저 하는 일은 카드를 잘 섞는 일이다. 아주 잘 섞어야 한다. 카드를 잘 섞었으면 이제 카드 놀이를 해 보자. 단 왕과 왕비가 그려진 카드가 아니라 부모의 유전인자가 담긴 염색체 카드로 하는 것이다. 부모 각자가 가지고 있는 카드 수는 46개. 아버지와 어머니는 각자의 카드 중 절반에 해당하는 23개의 카드를 내놓는다. 양쪽으로부터 받은 카드를 마구 뒤섞어 새로운 카드 한 벌을 만든다. 그 새로운 카드 한 벌이 바로 나인 것이다.

부모는 이 과정을 똑같이 반복한다. 아버지와 어머니가 가진 카드의 절반에 해당하는 23개의 카드를 다시 내놓는다. 지난번에 부모 각자가 내놓은 카드 23개와 이번에 내놓은 카드 23개가 완전히 똑같거나 완전히 다른 경우는 극히 드물 것이다. 지난번 패와 이번 패가 많이 겹칠 수는 있겠지만, 완전히 똑같거나 완전히 다르기는 힘들 것이다. 어쨌든 이렇게 받은 46개의 카드를 잘 섞어서 새로운 카드 한 벌을 다시 만드는 것이다. 이것이 바로 나의 형제다. 그러니 형제와 나는 각 부모 유전의 절반씩을 계승 받은 것이다. 나와 형제는 부모의 46개의 염색체로부터 출발했지만, 우리 각자는 부모로부터 어떤 염색체를 받았는지 모른다. 분명한 것은 나와 형제를 위해 부모가 각각 내놓은 23개의 카드가 조금 다르다는 것이다.

사실 유전적 정보를 가지고 있는 것은 염색체가 아니라 염색체에 있는 유전인자들이다. 한 염색체당 수십만 개의 유전인자를 가지고 있다고 한다. 유전인자는 눈의 색깔부터 신장, 체중, 지능 등의 정보를 가지고 있다. 말 그대로 부모의 유전적 자료를 담고 있는 것이다. 그리고 우리는 부모의 유전자 전부가 아니라 각 부모의 반만 받은 것이다. 결국 평균적으로 나와 형제는 반 정도의 유전인자를 공유한다고 할 수 있다. 단 평균적으로.

평균적이란 말은 어느 형제는 50% 이상을, 어떤 형제는 50% 이하의 유전인자를 공유한다는 의미다. 부모로부터 얼마나 같은 카드를 형제가 받았느냐에 따라 공유한 유전자는 다를 것이다. 패를 어떻게 돌렸느냐에 따라 다른 결과가 나온다고나 할까. 99%의 형제가 33~66%의 유전인자를 공유한다고 한다. 결국 형제마다 공유한 유전인자가 상당히 다르다는 것이다. 어느 형제는 공유한 유전인자가 많고 어느 형제는 적을 수 있다. 공유한 유전인자에서 나타나는 형제의 차이는 어떤 형제는 더 유사하고 어떤 형제는 덜 유사한지를 부분적으로 설명해 준다. 유전적으로 더 많이 공유한 형제일수록 비슷하지 않겠는가.

왜 어떤 형제는 더 많이 공유하고 어떤 형제는 덜 공유할까? 그것은 바로 운이라고 할 수밖에 없다. 비슷한 형제는 부모로부터 받은 카드 세트에 같은 카드가 많이 들어 있는 것이고, 차이가 나는 형제는 다른 카드가 많이 섞여 있다고 할까. 그래서 룰렛 게임 같다고 하는 것 아니겠는가. 카드를 나누고 섞을 때 어디서 멈출지 아무도 모르는 것이다. 그리고 그 멈추는 순간이 형제마다 다르고, 그래서 형제에게 가는 카드가 다른 것이다. 어떤 때는 비슷한 곳에서 멈추고, 어떤 때는 전혀 엉뚱한 곳에서 멈춰 버림으로써 형제마다 유전적으로 공유한 정도가 달라지고 만다.

그런데 이런 임의적 선택에 예외가 있다. 그것은 바로 쌍생아다. 일란성 쌍생아는 부모 각자로부터 받은 23개의 염색체로 구성된 46개의 카드 한 벌을 그대로 복사한 것과 같다. 그러므로 이 지구상에서 유일하게 똑같은 유전적 정보를 가지고 있는 형제다. 이란성 쌍생아는 일반 형제와 별로 다를 것이 없다. 보통 형제는 시간을 두고 카드 놀이를 해서 나온다. 이란성 쌍생아는 동시에 카드 놀이를 한 것과 같다고나 할까. 카드 두 패를 동시에 새로 만든 것이다.

형제가 아닌 관련 없는 낯선 사람들은 전혀 다른 카드 한 벌로 카드 놀이를 하는 것과 같다. 부모가 다르기 때문에 다른 유전인자가 담긴 다른 염색체 카드로 시작해야 한다. 따라서 같은 카드 한 벌로 시작한 형제와 전혀 다른 카드 한 벌로 시작한 낯선 사람을 비교하면 당연히 형제가 보다 더 비슷한 것이다. 그럴듯하지 않은가. 그런데 실제로 나온 결과는 어떠한가. 앞에서 살펴본 신체적·심리적 특성에서 형제는 비슷하기보다 다르다는 것이다. 형제는 많이 다르다.

유전이 환경을 만났을 때

지구상에 나와 같은 유전자형과 표현형을 가진 인간은 한 명도 없다!
다른 사람과 같고 싶어도 도저히 같을 수 없는 너무나 독특한 나!
세상에 유일무이한 나, 살아 숨쉬는 나 자체가 개성이라니…….

지금부터는 우리에게 배분된 카드의 운명을 설명해 볼까 한다. 그리고 앞에서 이야기한 유전인자라든가 염색체와는 다른 차원에서 형제 차이를 설명하려고 한다.

심리학에는 '유전자형(genotype)'이라는 개념이 있다. 이것은 각 개인이 태어날 때 가지고 나오는 유전적 청사진 같은 것이다. 부모로부터 받은 유전인자로 구성된 청사진 말이다. 하나의 수정란에서 나온 일란성 쌍생아를 제외하고는 세상의 어느 누구도 유전자형이 같을 수 없다. 두 개의 수정란에서 나온 이란성 쌍생아의 유전자형도 당연히 다르다. 그러므로 우리는 유전적으로 모두 다르다! 다만 가족은 상관없는 사람들보다 유전적으로 비슷할 가능성이 높다.

청사진이란 밑그림 같은 것으로 일종의 잠재적 계획이라고 할 수 있다. 계획이므로 실제로 어떻게 펼쳐질지는 아무도 모른다. 게다가 이 청사진은 관찰할 수 없는, 그래서 더더욱 알 수 없는 것이다. 과학의 놀라운 발달로 유전인자의 비밀이 점점 밝혀지면서 이 보이지 않는 청사진을 볼 날도 멀지 않은 듯하다. 그러나 현재로서는 우리의 유전자형을 직접 관찰할 수 없다.

그렇다면 우리가 볼 수 있는 것은 무엇일까. 우리가 볼 수 있는 것은 바로 이 유전자형과 환경이 상호작용해 나온 특성이다. 이렇듯 겉으로 나타나 관찰할 수 있는 특징을 표현형(phenotype)이라고 한다. 우리가 여기서 형제 차이를 설명할 때 거론되는 신체적 · 심리적 특성은 모두 표현형인 것이다.

모든 인간은 다르다 ─ 일란성 쌍생아마저도!

앞에서 한 수정란에서 나온 일란성 쌍생아만이 유전자형이 같다고 했다. 그런데 일란성 쌍생아마저 표현형은 다르다. 왜냐하면 같은 유전자형을 가진 쌍생아라도 환경과 상호작용해 나온 결과는 다르기 때문이다. 일란성 쌍생아가 보통 형제보다 그 상호작용이 비슷할 수는 있다. 그러나 그 상호작용이 똑같을 수는 없다. 만약에 똑같다면 일란성 쌍생아의 모든 특징은 똑같게 나타날 테니까 말이다. 여러 특성에서 일란성 쌍생아는 다른 형제보다 많이 비슷하지만, 100% 똑같지는 않다.

그러므로 지구상에서 나와 같은 유전자형과 표현형을 가진 인간은 한 명도 없다! 놀랍지 않은가. 갑자기 자신의 유일무이한 독특함이 확 느껴지지 않은지. 이 지구상에서 나와 똑같은 사람은 없는 것이다. 다른 사람과 같고 싶어도 도저히 같을 수가 없다. 나의 독특성 내지 개성을 굳이 주장하지 않아도 나라는 존재가 개성이고 독특함 그 자체 아닌가. 아니 나만이 아니라 모든 사람이 그렇다. 그나마 나와 여러모로 비슷한 사람이 형제인 줄 알았는데 그 형제마저도 상당히 다른 것이다.

유전자형이 환경과 상호작용하는 과정은 아주 복잡하다. '반응의 범위(range of reaction)' 라는 가설적인 모델을 보면 유전과 환경의 관계가 잘 나타난다. 이 모델에 따르면 유전자는 어떤 특징이나 행동을 결정하는 것이 아니라 환경 내에서 개인이 발달할 수 있는 가능성의 범위를 결정한다. 그러니까 유전자형은 환경에 대한 개인의 반응성을 결정하는 것이다. 어떤 이는 높고 크게, 어떤 이는 낮고 작게 반응하는 한계와 폭 말이다.

문제는 각 개인의 잠재적 가능성을 누구도 알 수 없다는 것이다. 알 수 있다면 우리가 적성이나 진로 문제 때문에 고민할 필요가 있겠는가. 자신의 최고의 능력과 잠재력을 안다면 일찍부터 그 길로 전력투구할 테니까 말이다. 어쨌든 우리 모두 가능성을 가지고 태어나는데, 그것이 어느 정도인지는 아무도 모른다. 그리고 우리의 잠재적 가능성은 어떤 환경에 놓이느냐에 따라 그 결과가 엄청 달라질 수 있다.

인간의 잠재력과 환경의 관계는?

만약 내가 지적인 면에서 유전적 잠재력이 굉장히 크고, 게다가 아주 풍족하고 좋은 환경에서 성장한다면 결과는 어떨까? 그러니까 교육을 많이 받고 지적인 부모에게서 태어나 어릴 때부터 주변 세상을 탐사하고 실험할 기회를 많이 제공 받는다면 어떨까? 장난감과 학습 자료가 풍부한 환경에서 부모의 관심과 격려를 받으며 자란다면 어떨까? 더 이상 좋을 수 있을까? 나의 타고난 유전적 잠재력은 환경과 만나면서 폭발적으로 극대화하지 않을까? 이런 것이 바로 시너지 효과 아니겠는가.

반대로 내가 아주 열악한 환경에서 자란다면 나의 잠재력은 말 그대로 잠재할 뿐 거의 피어나지 못할 것이다. 부모 모두 생계를 위해 아침부터 밤늦게까지 밖에 나가 있고, 가족 중 어느 누구도 나의 발달과 복지에 관심이 없다면 어떨까? 내가 세상에 태어나 처음 하는 말을 들어 줄 사람이 아무도 없고, 그것에 감격해 주고 격려해 줄 사람이 없다면 말이다. 아니 나에게 말을 건넬 사람조차 없다면 결과는 어떨까? 그나마 배려해 준다고 하루 종일 비디오테이프나 틀어 준다면 어떨까? 나의 그 모든 잠재력이 이러한 주변의 상황과 상관없이 마구 피어날까? 아마도 아닐 것이다. 분명 나의 잠재력은 전자의 경우와 후자의 경우 다르게 표출될 것이다. 그것도 엄청나게 다른 결과로 말이다.

그러나 나의 유전적 잠재력이 그리 크지 않다면 내가 아주 좋은 환경에서 자라거나 아주 열악한 환경에서 자라거나 결과적으로 큰 차이가 나지 않을 것이다. 왜냐하면 나는 유전적으로 반응의 폭이 한정되어 있는데, 그 폭이 작기 때문이다. 이런 경우는 기회가 주어져도 극대화할 수 있는 폭이 작은 것이다. 비극적이지만 그것이 정녕 나의 한계다.

지금까지의 이야기로 보면 마치 나의 유전자형은 환경에 따라 어느 정도의 폭발력을 가지고 터지느냐를 결정하는 듯이 들린다. 뒤에서 다시 언급하겠지만, 우리는 환경에 수동적으로 노출되는 것이 아니다. 같은 환경이라도 그 안에서 무엇을 얼마나 경험하는가는 다르다고 할 수 있다. 유전자형과 환경이 적극적으로 서로에게 영향을 주는 것이다.

형제가 같은 환경에 노출되지만 경험이 다를 수 있는 것은 형제가 실제로 경험한 환경이 다르기 때문이다. 수동적으로 노출된 환경과 적극적으로 경험한 환경의 차이는 형제를 다르게 만든다. 경험의 차이를 가져오는 한 원인이 바로 형제의 유전자형인 것이다. 형제에게 비슷한 교육적 환경을 제공하더라도 그 성취 결과가 반드시 같은 것은 아니다. 같은 환경이라도 형제마다 경험이 다른 이유는 부분적으로 형제의 유전적 차이에서 오는 것이다. 톨스토이 형제에 대한 가정교사의 명료한 코멘트를 생각해 보라. 학업을 하려는 것하고 할 수 있는 것의 차이를 말이다. 그 차이가 어디서 오는 것인지 생각해 보라.

그렇다면 사람들의 최대 관심사인 지능을 가지고 이야기해 보자. 사람은 지적 능력에서 각자 어떤 잠재력을 가지고 태어난다. 물론 그 누구도 자신이 가진 지능의 유전적 잠재력을 모른다. 이것을 지능A(유전자형)라고 부른다. 이 유전자형이 환경과 상호작용해 표현된 실제 지능을 지능B(표현형)라고 한다. 그 다음 지능B의 일부를 지능 검사로 측정한 것이 지능C인데, 이것이 바로 지능지수(IQ)인 것이다. 지능A는 관찰되지 않는 것이고 지능B는 관찰이 가능한데, 측정할 수 있는 지능C는 지능B의 일부에 해당하는 것이다.

지능A가 어떻게 나타나느냐(지능B)는 자신이 처한 환경과의 상호작용에 따라 다르다. 그리고 우리가 이야기하는 IQ(지능C)는 그렇게 표현된 지능B의 일부인 것이다. 결국 우리가 거론하는 IQ란 우리의 지적 능력을 대표하는 것이기는 하지만, 우리의 지적 능력의 전부는 아니다. 그 나머지 거론되지 않은 지적 능력은 중요하지 않은 것인가? 물론 아니다. 여기서 말하고 싶은 것은 우리가 논하는 심리적 특성들이라는 것이 우리가 실제로 소유하고 있는 특성의 전부는 아니라는 사실이다. 따라서 그 무엇도 100% 확신을 가지고 단정할 수 없다.

그러면 모두 측정하면 되는 것 아니냐고 반문할지도 모른다. 가능하지도 않지만 그래도 무모하게 시도한다면 몇 가지 의문이 있다. 예를 들면 지능과 관련된 모든 능력을 측정하는 IQ 검사는 길이가 얼마나 될까? 도대체 그 많은 능력을 다 포함하려면 얼마나 될까? 그리고 그 검사를 다 하려면 얼마나 걸릴까?

이 '반응의 범위' 모델은 이론적으로는 그럴듯한데 검증이 불가능하다. 이 모델을 검증하려면 유전자형이 똑같은 사람들을 찾아 한 사람은 풍족한 환경에, 다른 한 사람은 열악한 환경에 놓아 발달 결과를 비교해 보아야 한다. 유전자형이 같으므로 타고난 유전적 잠재력이 같다는 전제 아래 환경의 질을 조정해 반응의 범위를 알아보는 것이다.

그런데 유전자형이 같은 사람은 일란성 쌍생아뿐이다. 그럼 일란성 쌍생아를 따로 떼어 전혀 다른 환경에서 키우면서 그 결과를 지켜본다? 그리하여 유전자형과 환경이 어떻게 상호작용해 표현형이 달라지는지 살펴본다? 불행히도 이것은 윤리적 이유로 불가능한 실험이다. 일부러 쌍생아를 떼어놓을 수도 없고, 인위적으로 환경을 바꾸어 그 영향을 알아볼 수도 없다. 그런데 가끔 어떤 이유로 인해 쌍생아들이 어릴 때 따로 입양되는 경우가 있다. 누구는 이것을 자연의 실험이라고 하던가. 물론 이 때도 쌍생아의 환경을 인위적으로 바꿀 수는 없다.

왜 가족연구를 하는가

어디까지가 유전의 영향이고,
어디부터가 환경의 영향이라고 할 수 있을까?
유전과 환경의 분리, 그 불가능한 과제를 어떻게 풀 것인가.
신의 실험이라고 할 수 있는 쌍생아와 입양 연구로 답을 찾을 수 있을까?

유전과 환경의 관계를 규명하기는 쉽지 않다. 도대체 어디까지가 유전의 영향이고 어디부터가 환경의 영향이라고 할 수 있을까? 보통 부모는 유전적으로 또 환경적으로 자녀에게 영향을 주기 때문에 유전과 환경의 영향을 구별하는 것은 불가능하다. 예를 들어 아이가 정서적으로 불안정하다고 할 때 부모로부터 그런 기질을 물려받은 것인지, 아니면 불안정하고 스트레스가 많은 양육 환경을 부모가 제공한 것인지, 아니면 그 둘 다인지 어떻게 판단할 것인가. 그리고 그 가정의 모든 아이가 불안정한 정서를 보이는지. 아니라면 그 형제의 차이는 어떻게 설명할 것인지. 여기서 관심을 가져야 할 것은 바로 이 형제 차이다. 이렇게 유전과 환경의 관계를 규명하는 일이 어렵다면 어떻게 알아볼 것인가. 물론 대안이 있다. 직접 갈 수 없다면 돌아갈 수밖에. 그 대안이 바로 가족연구다.

유전과 환경의 관계를 설명해 주는 가족연구

유전과 환경의 복잡한 문제를 다루기 위해 학자들이 고안한 방법이 가족연구다. 1920년대에 발전한 입양연구와 쌍생아연구가 그 예라고 할 수 있다. 입양연구는 다음과 같이 유전과 환경을 분리시킨다. 어린 시절 다른 가정으로 입양된 자녀는 친부모와 유전은 공유하지만, 가정 환경은 공유하지 않는다(친부모와 입양된 자녀). 양부모와 입양한 자녀는 함께 살기 때문에 가정 환경은 공유하지만, 유전은 공유하지 않는다(양부모와 입양한 자녀).

형제의 경우도 마찬가지다. 어린 시절 각각 다른 가정으로 입양된 형제는 부모가 같기에 유전은 공유하지만, 다른 가정에서 살기에 환경은 공유하지 않는다. 반대로 입양 가정에서 양부모의 자녀와 입양한 아이는 부모가 다르기 때문에 유전은 공유하지 않지만,

〈표 1〉 입양 가족의 공유한 유전과 환경

관계		공유한 유전	공유한 환경
부모-자녀	친부모-입양된 자녀	O	X
	양부모-입양한 자녀	X	O
형제	친형제	O	X
	입양 형제	X	O

환경은 공유한다.

입양연구의 기본 가정은 다음과 같다. 만약 유전이 중요하다면 비록 입양되어 떨어져 있더라도, 그래서 환경이 다르더라도 양부모보다 친부모와 입양된 자녀가 더 유사할 것이다. 역시 마찬가지로 친형제는 서로 비슷하고, 입양되어 형성된 형제는 비슷하지 않을 것이다. 하지만 만약 가정 환경이 가족 유사성에 더 영향을 준다면 유전적으로는 관련이 없지만 입양되어 한 가정에서 함께 사는 가족끼리 더 유사할 것이다. 입양으로 인해 분리된 가족들은 서로 다르고, 입양되어 형성된 새 가족들은 서로 비슷할 것이다.

한 가정에 입양된 아이들은 유전적으로 아무 상관이 없지만 같은 가정 환경을 공유한다. 그러므로 부모가 다른 입양 형제들이 어떤 특성에서 비슷하다면, 그것은 유전적 유사성에서 오는 것이 아니라 공유한 가정 환경에서 오는 것이다. 그렇지 않은가. 입양 형제가 나눈 것은 환경뿐인데 비슷할 원인이 있겠는가. 어떤 특성에서 입양된 형제의 상관 값은 그 특성에서 같은 가정에서 자란 아이들을 유사하게 만든 모든 공유한 환경의 영향을 의미한다.

만약 그 특성에서 입양 형제들이 다르다면, 유전적 요인이 중요하다는 의미다. 일단 입양 형제의 차이는 유전적 차이에서 올 수 있다. 그리고 입양 형제의 공유한 듯 보이는 가정 환경이 그들에게 다르게 영향을 준 것이라고 추측할 수 있다. 형제가 다른 경험을 했고 다른 영향을 받았다면 경험을 공유한 것이 아니지 않은가. 앞에서 노출된 환경과 실제로 경험한 환경이 다르다는 이야기를 했는데, 바로 그 이야기다. 입양 형제가 다르다면 유전적 차이와 공유하지 않은 환경이 영향을 준 것이다. 공유하지 않은 환경에 대한 설명은 환경을 다루는 부분에서 설명할 것이다.

쌍생아의 경우는 어떨까? 쌍생아는 보통 형제들과는 조금 다르다. 쌍생아는 같은 자궁 환경에서 자라고, 같은 연령이고, 같은 가정에서 자란다. 같은 자궁? 그럼 누구는 다른 자궁에서 자란단 말인가? 어머니의 자궁도 시기에 따라 상태가 다를 수 있다. 다른 자궁 상태는 결국 아이에게 다른 환경을 제공하는 것이다. 형제는 나이 차이가 있기 때문에 같은 상태의 자궁에서 자랄 가능성이 없다. 수정란으로 자궁에 정착될 때부터 다른 환경에 처하는 것이다. 그러나 쌍생아는 유일하게 나이가 같은 형제로 같은 시기에 수정되어 같은 자궁 상태에서 자랄 수 있다. 쌍생아는 이래저래 형제보다 비슷한 상황에 놓일 가능성이 높은 것이다.

유전자형이 같은 일란성 쌍생아는 유전자형이 다른 이란성 쌍생아하고는 또 다르다. 일란성 쌍생아는 유전적으로 똑같은데, 이란성 쌍생아는 유전적으로 50% 정도 관련이 있다. 50%라는 것도 평균적으로 그렇다는 것이다. 앞에서 말했듯이 이란성 쌍생아는 유전적인 면에서 보통 형제와 별로 다르지 않다. 어떤 특성에 유전적 영향이 크다면 일란성 쌍생아가 이란성 쌍생아보다 더 유사할 것이고, 그래서 일란성과 이란성의 차이는 크게 나타날 것이다. 그러나 유전적 영향이 크지 않다면 일란성이나 이란성이나 비슷한 정도로 나타날 것이다. 이런 논리로 어떤 특성에 미치는 유전과 환경의 상대적 영향을 추정하는 것이다.

쌍생아연구는 공유한 환경과 공유하지 않은 환경의 영향을 평가할 수 있다. 일란성 쌍생아간의 차이는 공유하지 않은 경험의 직접적인 평가치가 될 수 있다. 일란성 쌍생아는 유전적으로 똑같고 오직 환경에서만 다르다. 그런 경우 일란성 쌍생아에게서 추정한 공유하지 않은 환경의 평가치는 다른 방법을 사용해 얻은 평가치보다 낮아야 한다. 왜냐하면 일란성은 다른 형제보다 유사한 경험을 더 많이 하고 공유한 경험이 더 많기 때문이다. 쌍둥이연구에서는 유전이나 공유한 환경으로 설명할 수 없는 형제 차이를 공유하지 않은 환경에서 온다고 간주한다.

여기까지의 설명은 그럴듯하다. 이런 이야기를 처음 듣는 사람은 혼란과 혼동 그 자체이겠지만, 유전과 환경의 실제 관계의 복잡함에 비한다면 논리는 오히려 단순하다. 아주 간단하게 유전과 환경의 몫이 추정되는 것 같지 않은가. 종종 지능이나 성격 같은 특성에서 유전의 영향은 몇 퍼센트, 환경의 영향은 몇 퍼센트라고 할 때 놀라곤 한다. 그러나 실제 각 특성에 대한 유전과 환경의 상대적 기여도를 따지는 문제로 들어가면 그럴듯하던 논리가 마구 뒤엉키며, 간단해 보이던 상관 숫자가 너무나 어렵게 느껴진다.

여기서 그런 문제를 자세히 논의할 생각은 전혀 없다. 그런 문제를 건드려서 우리 모두 헤매고 싶지 않기 때문이다. 다만 그런 논리 아래에 가족연구를 하고, 그 연구 결과를 가지고 주요한 행동 특성에서 유전과 환경의 상대적 기여를 따지자는 것이다. 유전과 환경이 주는 영향의 비율에 매달릴 필요는 없다. 다만 유전의 영향이 큰지 작은지, 환경의 영향이 큰지 작은지 정도로 이해하면 되지 않을까.

가족연구에서 나온 실제 자료를 가지고 유전과 환경의 영향을 추정하기 전에 할 일이 있다. 사람들은 선천적으로 타고난 그 알 수 없는 복잡한 유전적 코드보다 눈에 보이고 변화가 가능해 보이는 환경에 대해 이야기하기를 좋아한다. 부모에게서 물려받은 유전적 코드를 수정하기보다 우리가 살고 있는 환경을 변화시켜 보다 나은 발달을 꾀하는 것이 더 그럴듯해 보이기 때문이다. 그렇지 않은가. 알 수 없는 타고난 유전적 가능성을 어떻게 변화시키겠는가. 그보다는 눈에 보이는 조건, 즉 환경에 개입하는 것이 더 낫지 않겠는가. 최근 들어 더욱 각광받고 있는 환경의 영향에 대한 이야기를 해 보자. 도대체 형제를 다르게 만드는 환경이란 무엇인가?

3

형제 차이, 그렇게 길러지는 것인가

형제가 특별한 이유가 무엇인가

형제는 유전과 환경을 공유하기에
낯선 사람보다 비슷할 것이라고 우리는 생각해 왔다.
그런데 형제는 비슷하기보다 달랐고, 그 한 원인이 형제의 환경 차이란다.
그렇다면 이제까지 형제가 공유한다고 믿은 환경은 무엇이란 말인가.

어떤 이는 소설가 제임스 조이스와 그의 형제 스태니스라우스를 돈키호테와 산초에 비교했다. 그만큼 그들의 성격이나 모습은 달랐다. 제임스가 강렬하고, 내성적이며, 자기 생각에 열중하는 타입이라면 스태니스라우스는 거칠고, 개방적이고, 조금 둔감하다고나 할까. 스태니스라우스 스스로 제임스와 자신의 차이는 정도의 차이라기보다 종류의 차이라고 했다. 이런 형제 차이는 어디서 오는 것일까?

형제가 다른 이유 중의 하나는 형제의 유전적 차이 때문이다. 형제는 다른 유전적 특성을 가지고 태어난다. 같은 부모에게서 나왔지만 앞에서 설명했듯이 탄생 과정에서 조금 다른 유전적 배열을 갖게 된다. 다음 장에서 형제의 다양한 행동에 미치는 환경과 유전의 영향을 알아보기 위해 가족연구의 결과들을 살펴볼 것이다. 그 연구 자료를 보면 형제 차이에 미치는 유전적 영향은 신체적 특성의 경우 60~80%, 심리적 특성의 경우 30~40%로 추정하고 있다. 어떤 심리적 특성이냐에 따라 유전적 영향은 조금씩 다르다. 그러나 형제 차이를 가져오는 유전적 차이의 영향이 40%를 넘는 경우는 별로 없다.

유전적 차이와 환경의 차이

그렇다면 나머지 3분의 2는 어디서 오는 것인가. 유전적 영향으로 설명되지 않는 형제 차이의 나머지는 과연 어디서 오는 것인가. 그것은 유전적 요인이 아닌 비유전적 요인에서 온다는 의미다. 비유전적 요인이란 무엇인가. 행동유전학 연구에서 환경은 비유전적 요인을 모두 포함한다. 질병, 영양 상태와 같은 생물학적 요인부터 심리, 사회적 환경까지 모두 포함한다. 물론 여기서도 그런 모든 요소를 포함한 의미로 환경이란 말을 사용할 것이다.

형제 차이를 가져오는 환경이란 무엇인가? 이는 상당히 혼란스러운 부분이다. 오랫동안 발달 연구를 지배해 온 관점과 상반되는 이야기를 해야 하기 때문이다. 형제가 다른 사람들과 다른 이유는 무엇인가? 아니 이렇게 묻는 것이 더 나을 것 같다. 형제가 특별한 이유는 무엇인가? 형제란 오랫동안 한 가정에서 자라기에 환경을 공유하고, 같은 부모를 가졌기에 유전을 공유하고, 그래서 관련 없는 사람들보다 비슷하다고 우리는 생각해 왔다. 그런 점에서 형제는 낯선 사람들과는 구별되는 특별한 존재였다. 지금까지는.

그런데 형제에 대한 연구 결과를 보면, 한 가족 내의 형제는 비슷하기보다 다르다는 것이다. 우선 형제가 다른 정도가 예상을 훨씬 넘어서기에 당혹스럽다. 그리고 그런 형제 차이는 유전적 차이와 환경의 차이에서 온다는 것이다. 환경의 차이? 그렇다면 이제까지 형제가 공유한다고 믿어 온 환경은 무엇인가? 두 가지를 생각할 수 있다. 하나는 공유한 환경이 형제의 발달에 영향을 주지 못한다는 것이다. 다른 하나는 형제의 발달에 영향을 주는 것은 공유하지 않은 환경이라는 것이다. 여기서는 환경에 대한 이 두 가지 의견을 살펴보려고 한다.

공유한 경험과 공유하지 않은 경험

형제 차이의 원인은 가정 내에서의 형제의 경험 차이에서 찾아야 한다.
형제는 비록 같은 환경에 노출될지 모르지만, 분명 다른 경험을 하고 있다.
거의 모든 환경의 영향이 같은 가정에서 자라는 아이들을
비슷하게 만들기보다 다르게 만든다.

환경에는 두 가지가 있다. 하나는 공유한 환경(shared environment)이고, 다른 하나는 공유하지 않은 환경(nonshared environment)이다. 이제까지 우리가 아는 환경은 주로 공유한 환경이다. 행동유전학도 유전과 공유한 환경에만 관심을 가져 왔다. 공유한 환경이란 흔히 가족이 함께 하는 환경이다. 가족 구성원 모두에게 공통적인 환경이다. 한번 생각해 보라. 이제까지 가족이 함께 누려 온 부모의 직업, 교육 정도, 애정, 훈육, 재정적 지원, 가족의 여가 활동, 가족 행사, 친척의 죽음 등등.

그래서 가족간(between-family)에는 차이가 날 수 있지만, 가

족 내(within-family)의 구성원에게는 모두 같은 영향을 준다고 보았다. 한 가족의 형제는 비슷하게 경험하고 비슷하게 영향을 받는다고 가정한 것이다. 이런 가정 아래 지금까지의 연구들은 가족 간 비교 방법을 사용해 가족 변인과 아이의 발달 간의 관계를 찾아왔다.

예를 들어 부모의 자녀 양육 방식과 아이의 특정 행동의 관계에 대해 연구한다고 가정해 보자. 한 가족당 한 아이를 선정해서 각 가정의 부모의 자녀 양육 방식을 알아보고, 각 가정의 초등학생의 사회적 능력을 측정한다.

이렇게 수백 가정으로부터 자료를 수집한다. 부모의 자녀 양육 방식에 따라 아이는 다른 행동을 보일 것이라는 가정 아래 실제 자료에서 그 관계를 찾으려는 것이다. 그래서 결과는? 독재적인 양육 방식을 보이는 가정의 아이는 위축된다는 것을 발견했다고 가정해 보자. 그럴듯하지 않은가.

형제의 차이를 설명해 주지 못하는 가족간 비교

그러면 이 연구 방법의 문제는 무엇일까? 지금까지 이렇게 연구해 왔는데 무슨 문제가 있느냐고? 이런 연구 방법의 기본 가정은 부모가 가정의 모든 자녀를 비슷하게 양육한다고 간주하는 것이다. 즉 형제간에 차이가 없다고 가정하는 것이다. 따라서 한 가정당 한 명의 아이를 대상으로 연구를 해도 충분하다. 그런데 과연 그럴까? 과연 부모는 비슷하게 아이들을 대할까? 그리고 아이들은 비슷하게 경험할까?

이 때 형제가 문제가 되는 것이다. 독재적인 부모는 모든 자녀를 비슷하게 권위적으로 대할 것이라는데, 정말 그럴까? 부모는 자신에게 반항하는 자녀에게는 강압적인 방법을 사용해서라도 자신의 말에 순종하게 만들려고 할 것이다. 물리적 체벌을 가한다거나 말로 위협을 가하거나 하는 식으로 말이다. 그런 반면 자신의 명령이나 요구에 잘 따르는 자녀에게는 비교적 덜 권위적으로 대할 수 있다. 순종적인 자녀에게 굳이 가혹하게 대할 이유가 없지 않은가. 이런 경우 형제가 같은 경험을 한다고 할 수 있을까?

형제가 비슷한 경험을 한다고 보기 때문에 가족 내의 차이를 묻지 않고 가족간의 차이를 물은 것이다. 그런데 가족 내에서 형제는 다른 경험을 하고 그것이 형제 차이를 가져온다면, 가족간의 비교는 잘못되었다는 것이다. 진정으로 개인차를 연구하고자 한다면 가족 내 비교를 해야 한다는 것이다. 그것은 한 가정당 한 명이 아니라 그 이상의 아이를 대상으로 해서 연구하는 것이다. 앞에 든 예를 다시 보자. 부모의 양육 방식과 아이의 다른 발달을 연구하고자 한다면 다음과 같이 하는 것이다. 부모의 형에 대한 양육 방식과 동생에 대한 양육 방식을 측정하고, 그 다음 형과 동생의 사회적 능력을 각각 측정한다. 그래서 부모의 양육 방식에 따라 형제의 사회적 능력이 다른지 알아보는 것이다.

지금까지 사용해 온 가족간 비교 방법이 그렇게 잘못된 것인가?

가족 내 형제의 경험이 같다는 가정을 하지 않는다면 괜찮지 않을 까? 가족간 비교 방법이 각 가정의 부모와 대상 아이의 관계를 살 피는 것이지 가정 내의 다른 형제와의 관계까지 추론하는 것이 아 니라면 말이다. 그러므로 가족간 연구에서 부모의 일반적인 행동 이 아니라 대상 아이에 대한 부모의 행동을 측정해야만 한다. 왜 냐하면 부모의 행동이 아이에 따라 다를 수 있기 때문이다. 아이 의 경우도 마찬가지다. 아이에 따라 부모에 대한 행동이 다를 수 있다.

가족간 비교 방법이 연구 대상인 아이의 발달에 의미 있는 영향 을 주는 경험을 찾아낸다면 문제될 것이 없을 것 같다. 가족간 비 교 방법에서 나온 결과를 지나치게 일반화하지 않는다면 말이다. 분명한 것은 가족간 비교 방법은 형제의 차이를 설명해 줄 수 없 다는 것이다. 그런 이유로 지금까지 형제 차이를 설명하는 연구 결 과나 그럴듯한 이론이 없는 것이다. 이제까지 가족 내 연구보다 가 족간 연구가 일반적으로 이루어졌기 때문이다. 우리가 형제 차이 의 원인을 알고자 한다면 당연히 가정 내에서 형제의 경험 차이를 살펴보아야 한다. 형제의 공유하지 않은 경험 말이다.

형제는 같은 환경을 다르게 경험한다

그러면 이제까지 그 많은 연구에서 가정한 공유한 경험이란 무 엇이었단 말인가. 먼저, 공유한다는 의미는 무엇일까? 형제는 같은 부모 밑에서 같은 음식을 먹고, 같은 학교를 다니고, 같은 활동을 할 수 있다. 분명히 형제가 노출된 환경은 같아 보인다. 단순히 노출된 환경이 같다고 해서 형제가 경험한 환경이 같은 것은 아니다. 부부가 서로의 관계를 다르게 지각하고 느끼는 것과 비슷하다고나 할까. 남편이 사랑한다는 말을 자주 하는데도 아내는 충분하지 않다고 느낀다면 누구의 말이 옳은가. 어쩌면 두 사람의 말이 다 옳을지도 모른다. 두 사람이 애정이나 친밀을 다르게 느낀다면 그 차이는 두 사람의 공유한 경험에서 나온 것일까? 두 사람이 느끼는 애정이나 친밀의 차이는 두 사람의 다른 경험에서 올 것이다.

그렇다면 형제의 공유하지 않은 경험을 다루기 전에 한 가지 질문을 다시 하지 않을 수 없다. 한 가정에서 경험하는 비슷한 혹은 공유한 경험은 형제의 삶과 발달에 전혀 영향을 주지 못하는 것일까? 결론부터 이야기하자면, 일단 형제가 공유한 환경은 많지 않으며 아이의 발달에 미치는 영향도 크지 않다는 것이다. 도대체 형제가 공유한 환경이 얼마나 되기에 그 영향이 미미하다고 할까?

앞에서 같은 학교를 다니고, 같은 놀이를 하고, 같은 교사에게 음악 레슨을 받고, 심지어 같은 치료자에게 다니며, 같은 양육 방식으로 길러진 상류층 가정의 형제가 완전히 다른 삶을 사는 노동 계층의 아이들보다 성격적으로 비슷하지 않다고 했다. 형제는 성격에서 큰 차이를 보이는데, 여기서 공유한 환경의 영향은 얼마나 될까? 입양 형제는 유전은 공유하지 않고 환경만 공유한 형제다. 입양 형제가 보이는 유사성은 말 그대로 순전히 함께 자란 환경에서 온다고 할 수 있다. 그래서 결과는? 입양 형제의 성격의 상관은 0.05다. 이것은 입양 형제의 성격 중 5%가 공유한 환경에서 온다는 의미다. 단 5%.

성격은 다른 심리적 특성보다 형제 차이가 많이 나는 특성이라서 형제의 공유한 경험이 거의 영향을 주지 못했을 수도 있다. 그렇다면 다른 특성에서는 공유한 환경의 영향이 더 많이 나타날까? 그렇지 않다. 다른 심리적 특성들에 미치는 공유한 환경의 영향 역시 성격에서보다 크지 않다. 질병의 경우 형제 차이의 대부분이 비유전적 요인에서 온다고 했다. 그리고 비유전적 요인의 대부분은 형제의 공유하지 않은 환경에서 온다. 이에 대한 설명은 유전과 환경을 다루는 다음 장에서 보다 자세히 다룰 것이다.

예외가 있기는 하다. 이 예외는 주로 인지적 능력과 관련된 것이다. 아동기까지는 지능에 형제의 공유한 환경이 영향을 준다. 그러나 아동기 이후 지능에 미치는 공유한 환경의 영향은 급속히 감소한다. 지능에 대한 자료만큼 자료가 많지는 않지만, 최소한 어린 시절에는 형제의 학업 성취나 언어 능력에서 공유한 경험의 영향이 나타나고 있다.

한 가지 중요한 사실은 이런 인지적 능력에서 공유한 경험이 의미 있는 영향을 준다고 해서 공유하지 않은 경험의 영향이 없는 것은 아니라는 것이다. 이 때도 공유하지 않은 경험이 인지적 능력의 발달에 영향을 준다. 더욱이 아동기 이후에는 형제의 공유한 경험의 영향은 줄어들지만, 공유하지 않은 경험의 영향은 증가한다.

인지적 능력에서 나타나는 공유한 경험과 공유하지 않은 경험의 영향이 아이의 연령과 함께 변화하는 형태는 무척 흥미롭다. 그 변화의 이유가 흥미롭기 때문이다. 이에 대해서는 다음 장에서 다룰 것이다.

부모는 형제를 다르게 대하고 형제 역시 형제들을 다르게 대한다. 부모는 열 살짜리 아이와 다섯 살짜리 아이를 다르게 대한다. 말투도, 기대도, 요구도, 애정 표현도 다르다. 형제 역시 형과 동생을 다르게 대한다. 부모나 형제가 비슷하게 대한다고 해도 아이가 다르게 경험할 수 있다. 형제는 같은 가정에서 자라고 같은 환경에 노출될지는 모르지만, 분명 다른 경험을 하는 것이다. 그리고 형제의 그런 다른 경험이 형제 차이를 가져오는 것이다. 바로 형제의 다른 경험, 특수한 경험이 형제의 공유하지 않은 경험이다.

행동유전학자들은 공유하지 않은 환경에 대한 발견이 굉장히 중요하고 혁신적이라고까지 말하고 있다. 도대체 무엇이 그리 중요하다는 것일까. 오랫동안 우리는 공유한 경험이 우리의 발달에 영향을 주고, 그 공유한 경험이 형제를 비슷하게 만든다고 생각했다. 그런데 형제에 대한 연구 결과는 오랫동안 우리를 지배하던 생각과 어긋나는 것이다. 형제는 비슷하기보다 달랐다.

지금까지 형제가 비슷하다고 가정할 수 있던 모든 가정이 무너져 내리는 것이다. 공유한 유전과 공유한 환경에 대한 가정들 말이다. 형제가 공유하고 있다고 믿은 이런 모든 것이 맞고 옳았다면 형제는 모든 특성에서 비슷하게 나타났을 것이다. 결과는? 형제는 비슷하기보다 달랐다. 형제의 성격 같은 경우는 아주 달랐다. 이제부터 형제의 유사성보다 형제의 차이를 설명해야만 하는 것이다.

형제의 유사성을 가져오는 원인과 형제 차이를 가져오는 원인은 같다. 즉 형제의 유전과 환경의 차이인 것이다. 던과 플로민은 거의 모든 환경의 영향이 같은 가정에서 자라는 아이들을 비슷하게 만드는 것이 아니라 다르게 만든다고 했다. 이 말은 아이들의 발달에 중요한 환경 요인이 같은 가정의 형제를 다르게 만든다는 것이다. 물론 이 중요한 환경이란 형제의 공유하지 않은 환경이다.

결국 형제는 겉으로 보기에 대부분의 환경을 공유하는 듯 보이지만, 실제로 다른 경험을 하고 있는 것이다. 이 다른 경험이 형제 각자의 공유하지 않은 경험이고, 이것이 형제의 다른 발달을 이끈다. 극단적으로 표현하면 다른 형제와 사는 것은 마치 낯선 사람과 사는 것과 비슷하다고 할 수 있다. 그만큼 나와 다른 사람과 사는 것이다. 나와 다른 경험을 하며 다른 길을 가는 사람, 그것이 나의 형제다.

공유하지 않은 환경이란?

소설 《에마》의 여주인공은 가정 내에 있지 않은 사람은
그 가정의 어려움이 무엇인지 절대 말할 수 없다고 했다.
제3자가 보는 가정은 가족 구성원이 보는 가정과는 다르다.
가정 내에서조차 당사자가 아니면 정확히 모를 수 있다.
그래서 부모나 형제조차도 다른 가족의 어려움을 이해하지 못할 수 있다.

우리는 앞에서 여러 특성에서 형제가 비슷하기보다 얼마나 다른 가를 살펴보았다. 물론 형제는 전혀 상관없는 낯선 사람보다 여러 특성에서 비슷하다고 할 수 있다. 그러나 차이가 유사성을 훨씬 능가한다. 형제는 비슷하기보다 다르다는 편이 더 맞는 이야기다. 그 나마 나타나는 형제의 작은 유사성은 형제의 공유한 경험에서 나온 것이 아니고, 형제의 공유한 유전에서 나온 것이다. 결국 같은 가정에서 함께 성장하며 공유한 환경은 형제를 비슷하게 만들지 못하는 것이다.

형제가 다른 이유는 형제의 유전과 환경의 차이에서 온다. 특히

형제의 차이를 이끄는 공유하지 않은 환경에 대한 발견은 행동유전학의 혁신적인 발견이라고 할 수 있다. 개인차의 원인을 가족 대 가족의 차이에서 찾은 기존의 관점을 무색하게 만들었기 때문이다. 진정한 개인차의 원인은 가족 대 가족의 차이가 아니라, 가족 내에서의 차이에 있는 것이다.

지금까지 학자들은 가정간의 차이를 보이는 요인들, 예를 들면 사회 경제적 지위, 부모의 교육 정도, 부모의 결혼 관계 등이 아이의 발달에 어떤 영향을 주는지를 연구했다. 이 관점은 이런 요인들이 같은 가정의 아이들에게 유사한 방법으로 영향을 주었을 것이라고 가정한다.

그러나 형제는 비슷하기보다 달랐다. 그렇다면 부모가 형제에게 비슷하게 쏟아 붓는 그 모든 교육적 투자가 형제를 비슷하게 만들기보다 다르게 만든단 말인가?

부모가 형제에게 제공한 환경은 최소한 어린 시절에 일부의 인지적 능력에 영향을 주는 듯하다. 그러나 일부 인지적 능력에서 나타나는 공유한 경험의 영향을 과대 평가하지 말기 바란다. 왜냐하면 공유한 경험의 효과가 나타나는 인지적 능력에서조차 형제의 유사성의 상관이 0.50을 넘지 못하기 때문이다. 결국 인지적 능력에서도 형제는 비슷한 만큼 다르다는 것이다.

왜 한 가정에서 자란 형제가 다른가 하는 질문에 대한 답을 얻기 위해서는 한 가정의 형제를 연구하는 수밖에 없다. 한 가정에서 형제가 겪는 경험의 차이를 살펴봄으로써 형제 차이의 원인을 밝힐 수 있을 것이다. 나아가 개인차의 원인 또한 밝힐 수 있을 것이다.

던과 플로민은 세 가지 문제를 지적했다. 첫째는 형제의 공유하지 않은 경험이란 무엇인가 하는 문제다. 즉 공유하지 않은 경험의 특성이 무엇인가 하는 것이다. 둘째는 형제가 갖는 다른 경험이 어떻게, 그리고 어느 정도 각자의 발달에 영향을 주는가 하는 문제다. 형제가 갖는 모든 다른 경험이 발달 결과와 연결된 것은 아닐 테니까 말이다. 셋째는 인과 관계의 해석 문제인데 경험의 차이가 형제의 차이를 가져왔는지, 반대로 형제의 행동의 차이가 다른 경험을 가져왔는지 하는 문제다. 이 문제는 언제나 사람을 고민하게 만든다. 둘 다 가능하기 때문이다. 이 문제를 풀 수 있는 방법은 시간적으로 그 인과 관계를 따라가는 종단 연구뿐이다.

가정 안에서 공유하지 않은 경험이란 무엇인가? 제인 오스틴의 소설 《에마》의 여주인공은 가정 내에 있지 않은 사람은 그 가정의 어려움이 무엇인지 절대 말할 수 없다고 했다. 대체로 사실이다. 분명 제3자가 보는 가정은 가족 구성원이 보는 가정과는 다르다. 보기에는 그럴듯한 가정도 알고 보면 문제가 있을 수 있다. 그리고 가정 내에서조차 그 상황의 당사자가 아니면 어려움이 무엇인지 정확히 모를 수 있다. 그래서 부모나 형제조차도 다른 가족의 어려움을 이해하지 못할 수 있다.

그렇다면 한 가정에서 자라면서 형제를 다른 삶으로 이끈 그 다른 경험은 무엇인가?

부모는 자녀들에게 공평하게 대할까

공유하지 않은 경험의 제공자 가운데 하나는 바로 형제를 낳고 기른 부모라고 할 수 있다. 이것이 무슨 소리인가. 부모야말로 형제가 공유하는 가장 기본 단위 아닌가. 부모로 인해 형제가 된 것이 아닌가. 그런데 부모가 공유하지 않은 경험을 제공한다니 무슨 소리인가.

부모는 언제나 자녀들에게 똑같이 대한다고 말한다. 정말 똑같이 대할까? 어린 시절 부모의 편애를 의심하고 괴로워해 본 적이 한 번도 없는 사람이 몇 명이나 될까. 정도 차이는 있겠지만 누구나 한 번쯤 부모의 편애를 의심하지 않았는가. 만약 그런 적이 없다면 얼마나 행운인가. 아니면 무디거나. 종종 우리는 부모의 편애를 의심하면서 부모나 형제에게 이야기하기 치사한 증거까지 가지고 있지 않았는가. 심증은 가나 물증이 뚜렷하지 않은 경우도 많지 않았는가. 자녀를 똑같이 대한다는 부모의 주장이 옳다면 부모의 다른 대우는 우리의 착각이었단 말인가. 혼자 착각하고 슬퍼하고 분통을 터뜨렸단 말인가. 그리고 그 오랜 시간 슬픔 속에서 살았단 말인가.

이런 슬픈 이야기를 하기 전에 유전과 환경에 대한 이 지루하고 복잡한 이야기를 실제 연구에서 살펴보자. 우리의 행동에서 어디까지가 유전의 영향이고, 어디서부터 환경의 영향인지 말이다. 예를 들어 형제의 성격 차이는 유전이 아니라 형제의 다른 환경에서 오는 것이라고 주장만 하면 독자들은 믿어 줄 마음인가. 조금은 객관적인 자료를 보고 싶지 않은지. 최소한 지금까지 나온 형제에 대한 자료는 무엇을 얼마만큼 지지하고 있는지 살펴보아야 하지 않을까.

유전과 환경의 상관 관계

우리 나라에서는 어린 시절 부모의 엄청난 교육적 투자가
힘을 발휘하는 듯이 보인다.
부모 입장에서야 투자한 대로 성과가 나타난다면 얼마나 신나겠는가.
심하게 말해서 투자한 대로 성과가 나타난다면 부모 노릇 할 만하지 않을까.
그런데 그런 부모의 영향력이 얼마나 갈까?

형제 차이에 미치는 유전과 환경의 상대적 영향을 실제로 따져 보기 전에 유전과 환경의 관계를 다시 이야기해야 할 것 같다. 이 부분은 앞에서 나온 '반응의 범위'와 같은 이야기라고 할 수 있다. 유전과 환경의 상대적 기여도를 따지는 것은 형제 차이에 미치는 영향을 설명하기 위한 것이지 유전과 환경이 따로 작용한다는 의미는 절대 아니다. 이 두 요소는 마치 동전의 앞뒤와 같아 함께 움직이고 서로에게 영향을 주며 우리의 발달을 이끈다.

모든 발달은 유전과 환경의 상관 관계에 의한 것이다. 유전과 환경의 상관 관계는 모든 발달을 이끄는 추진력이라고 할 수 있다.

유전자형은 환경에 대한 개인의 반응을 결정하고 환경에서의 경험을 결정하는 데 역할을 한다. 다만 형제 차이에서 보았듯이 특성에 따라 신장과 체중처럼 유전이 좀더 두드러지는 경우가 있고, 질병처럼 유전이 별로 힘을 발휘하지 못하는 경우가 있다.

환경이라고 해서 모두 같은 것은 아니다. 노출된 환경과 경험한 환경은 다르다고 했다. 우선 개인이 노출된 환경에서 다를 수 있다. 미국에서 대학을 다니는 것과 우리 나라에서 대학을 다니는 것은 다르다. 어느 쪽이 더 좋다 나쁘다를 떠나서 노출된 환경이 다르다는 것이다. 또한 노출된 환경은 같더라도 그 환경 안에서 개인이 지각하고 이해한 환경은 다를 수 있다. 미국에서 대학을 다니는 우리 나라의 모든 아이가 성공적이고 좋은 경험을 하는 것은 아니다. 어떤 아이는 미국 대학이 가진 이점을 최대한 누리며 즐거운 시간을 가지는 반면, 어떤 아이는 우리 나라 아이들하고만 어울려 영어조차 힘들어하는 경우도 있다. 우리 나라에서 보기에는 둘 다 미국에서 대학을 다니는 유학생으로 보일 뿐이다.

형제가 함께 미국으로 공부를 하러 가더라도 적응하는 아이와 그렇지 못한 아이가 있다. 도대체 그 형제에게 무슨 일이 있었기에 이렇게 다른 결과로 나타나는 것일까? 분명 두 형제는 미국에서 같은 경험을 한 것은 아니다. 이런 개인의 다른 경험, 형제의 다른 경험이 바로 공유하지 않은 환경이다. 가정 안에서 형제가 어떤 경험을 할 것인지에 영향을 주는 한 요인이 그 형제의 유전자형이다. 즉 어떤 유전자형이냐에 따라 형제의 선택과 반응이 달라지는 것이다.

이렇게 말하면 마치 우리의 유전자형이 모든 것을 결정하는 것처럼 들릴지도 모르겠다. 앞에서 유전자형은 우리의 유전적 청사진으로서 그 잠재력을 담고 있다고 했다. 불행하게도 우리의 유전적 잠재력은 그 누구도 알 수 없다. 우리가 어디까지 성취할 수 있는지는 알 수 없지만, 한 가지 확실한 것은 우리의 발달에는 한계가 분명히 있다는 것이다. 그 한계는 우리 각자가 타고난 한계라고 할 수 있다. 인간에게는 알 수 없는 가능성과 잠재력이 있지만, 동시에 한계가 분명 있다는 것이다.

눈을 유전적 정보에 없는 색깔로 바꿀 수는 없지 않은가. 물론 요즘은 머리카락도 염색을 하고, 색깔이 들어 있는 콘택트렌즈를 사용해 눈의 색깔을 바꾸기도 한다. 그러나 이는 모두 잠정적인 것 아닌가. 이처럼 우리가 성취하는 모든 발달은 우리의 유전적 한계를 벗어난 성취일 수 없다. 우리의 가능성이 무한한 것은 아닐 테니까. 우리가 성취하는 발달은 그런 유전적 잠재력과 환경이 만나서 이루어진 것이다.

유전과 환경의 상관 관계의 세 가지 형태

유전과 환경의 상관 관계는 아이의 발달과 함께 변화하는데, 세 가지 형태의 상관 관계를 볼 수 있다. 유아기에는 양육자가 주도하는 환경에 보다 많이 노출되는 편이다. 이것이 첫번째 형태의 상관 관계다. 부모가 제공하는 양육 환경에 수동적으로 노출되는 시기로 초기 아동기까지 지속된다. 부모가 어떤 양육 환경을 제공하느냐는 부모의 유전자형과 아이의 유전자형이 모두 관련된다. 바로 이 시기에 부모가 제공하는 가정의 경험이 형제의 지능 발달에 영향을 주는 것이다.

우리 나라에서는 어린 시절 부모의 엄청난 교육적 투자가 힘을 발휘하는 듯이 보인다. 부모가 얼마나 좋은 가정교사와 사설 교육 기관을 구하느냐에 따라 아이들의 지적 능력이나 학업 성취가 다른 듯하니 말이다. 투자하는 부모 입장에서야 투자한 대로 성과가 나타난다면 얼마나 신나겠는가. 심하게 말해서 투자한 대로 성과가 나타난다면 부모 노릇 할 만하지 않을까.

그러나 인지적 능력의 차이에서 평균적으로 25% 정도는 형제의 공유한 경험에서 온다고 한다. 나머지 75%는 당연히 형제의 유전적 차이, 공유하지 않은 환경, 그리고 오차에서 온다. 인지적 능력에 영향을 주는 요인은 형제가 공유한 경험뿐만 아니라 공유하지 않은 경험, 그리고 유전이라는 사실을 간과해서는 안 된다. 공유한 경험의 효과가 나타나는 학업 성취에서조차 형제의 유사성이 0.50 정도라는 것이다. 부모가 제공하는 환경이 영향을 주지만, 그 정도는 어쩌면 기대한 만큼이나 투자한 만큼 크지 않은 듯하다. 더욱 중요한 사실은 아동기가 지나면서부터 지능에서는 공유한 경험의 영향이 급격히 감소한다. 왜 그럴까?

청소년들은 수동적으로 환경에 노출되기보다 스스로 환경을 선택하고 자신에게 맞는 환경을 찾는다. 이것이 두 번째 형태의 상관 관계다. 이런 적극적인 선택이 형제의 다른 경험을 가져오고 다른 발달로 이어지는 것 같다. 같은 학교에서도 어떤 친구를 사귈 것인지, 어떤 활동을 할 것인지 등의 선택에서 다를 수 있다. 고등학교 졸업 후 대학을 갈 것인지, 자신이 하고 싶은 일을 할 것인지에 대한 선택에서도 형제는 다를 수 있다.

그런데 왜 그런 다른 선택을 하는가? 좋아서? 왜 좋아하는가? 자신에게 맞아서? 왜 자신에게 맞는가? 아이의 다른 선택과 탐색에는 그 아이의 유전자형이 관련된다. 유전자형이 우리의 신장이나 체중 같은 신체적 영향에만 나타나는 것은 아니다. 우리의 심리적 특성에도 영향을 준다. 어떤 아이는 다른 아이들보다 감각적인 자극과 흥분 상태를 더 좋아하고 그래서 그런 것을 더 찾을 수 있다. 정말 말 그대로 끌린다는데 어떻게 하겠는가. 이런 아이는 그렇지 않은 아이보다 술이나 담배 같은 약물에 일찍 눈뜰 가능성이 높다.

환경에 대한 아이의 선택과 탐색은 아이마다 다른 경험을 하게 한다. 바야흐로 환경과의 관계에서 아이의 적극적인 역할을 볼 수 있는 것이다. 아동기 이후에 형제의 지능 차이는 점점 벌어진다고 했다. 이에 대한 한 가지 답은 바로 환경에서의 형제의 적극적인 역할에 의한 결과라고 할 수 있다. 형제의 적극적인 선택이 형제의 다른 경험, 바로 공유하지 않은 경험에서의 차이를 이끄는 것이다.

유전과 환경의 상관 관계의 마지막 형태는 타인에게서 이끌어 내는 다른 반응이라고 할 수 있다. 개인마다 타인에게서 다른 반응을 유발하는 것이다. 예를 들면 어떤 아이는 부모로부터 애정적이고 친밀한 반응을 많이 이끌어 낸다. 부모도 그 아이와 함께 있으면 웃게 되고 함께 있는 시간을 즐기게 된다. 그런데 다른 아이는 침울하고, 짜증을 잘 내고, 신경질적이라고 하자. 두 아이가 부모나 다른 사람들에게서 이끌어 내는 반응은 아주 다를 것이다. 어떤 아이와 시간을 보내고 싶겠는가.

이렇게 타인의 다른 반응을 이끌어 내는 아이의 행동에 영향을 주는 것은 아이의 유전자형이다. 그리고 타인의 반응은 아이의 행동을 강화하고, 다시 행동을 이끌어 내는 순환적 형태를 보이게 될 것이다. 부모는 의식적이든 무의식적이든 활기차고 재미있는 자녀와 접촉을 더 하게 되고, 자녀의 특성 자체에 반응을 보임으로써 아이의 행동을 강화시킬 수 있다. 반면 침울한 아이를 보면 무슨 일이 있나 걱정부터 하고 즐거운 기분이 들지 않는다면 그 아이와의 상호작용은 두 사람 모두에게 유쾌하지 않을 것이다. 이런 삐걱거리는 상호작용은 부모의 기대와 아이의 침울한 기분을 강화해 줄 것이다. 타인의 반응을 이끌어 내는 데 있어 유전과 환경의 상관 관계는 어릴 때부터 평생 지속된다고 할 수 있다.

유전과 환경의 여러 상관 관계가 발달과 함께 변화하면서 개인의 차이, 형제의 차이를 가져오는 것이다. 아이의 성장 시기에 따라 유전과 환경의 상관 관계 가운데 어느 한 형태가 더 두드러질 수 있다. 그러나 다양한 형태의 상관 관계는 아이가 태어나면서부터 작용해 개인마다 다른 발달 궤도를 그리는 데 기여할 것이다. 편리상 유전과 환경을 따로 떼어 설명했지만, 유전의 영향에 대한 증거는 반대로 환경의 영향을 보여 준다. 이와 같이 유전과 환경은 함께 가며 우리의 발달을 꾀한다. 우리 행동의 어느 것도 유전과 환경의 상관 관계에서 벗어날 수 없다.

4

유전이 형제를 다르게 만드나

뚱뚱한 가문 대 날씬한 가문?

키나 체형은 타고나는 것일까?
키 크고 늘씬한 남녀가 만나면 그 자녀는 모두 크고 늘씬할까?
반대로 작고 뚱뚱한 남녀가 만나면 그 자녀는 작고 뚱뚱할까?
만약에 체형이 세대로 계승된다면 결국에는
뚱뚱한 가문과 날씬한 가문으로 나뉠까?

앞에서 형제들이 신체적·심리적 특성 그리고 질병에서 비슷하기보다 다르다는 점을 살펴보았다. 전혀 상관없는 낯선 사람들보다는 여러 특성에서 비슷하지만, 그 유사성 정도는 대체로 약한 편이다. 그래서 형제는 비슷하기보다 많이 다르다고 단언할 수 있다. 그렇다면 이런 형제의 차이에 유전과 환경은 어느 정도나 영향을 줄까? 이는 너무나 어리석은 질문인지도 모른다. 각 특성마다 유전이나 환경이 얼마나 영향을 주는지 묻는 것 자체가 말이다. 유전과 환경이 따로 작용하는 것도 아니고, 더구나 1+1=2의 방식으로 더해지는 것도 아닌데 말이다. 그럼에도 불구하고 우리는 여전히 어리석은 질문을 할 수밖에 없다. 모든 발달이 유전과 환경의 상관 관계에 의한 것이라는 것을 잘 알지만, 그럼에도 불구하고 각 특성에서 유전과 환경이 각각 어느 정도나 영향을 주는지 알고 싶은 것이다.

형제의 키나 체형은 얼마나 비슷할까

먼저 신체적 특성에서의 형제 차이에 유전은 얼마나 기여를 할까? 오늘날 미의 기준이 키 크고 마른 체형으로 변하면서 모두들 그런 체형을 갖고 싶어한다. 키가 크고 작고, 체형이 날씬하고 뚱뚱하고의 차이는 타고난 것일까? 키 크고 늘씬한 남녀가 만나면 그 자녀는 모두 크고 늘씬할까? 반대로 작고 뚱뚱한 남녀가 만나면 그 자녀는 어릴 때부터 적절한 영양을 섭취하고 운동을 해도 작고 뚱뚱할까? 만약에 체형이 세대로 계승된다면 결국에는 뚱뚱한 가문과 날씬한 가문으로 나뉠까?

앞에서 우리는 신장과 체중에서 형제의 상관은 0.50으로 형제의 신장이나 체중의 반은 비슷하고 반은 다르다는 점을 살펴보았다. 과연 신체적 특성에서 형제 차이를 가져오는 유전적 영향은 얼마나 될까? 일란성 쌍생아가 서로 다른 가정에 입양되어 다른 환경에서 성장할 경우 이들은 유전은 똑같지만 환경은 다르다. 그런데도 신체적 특성이 비슷하다면 그것은 유전적 영향을 의미하는 것이다. 따로 자란 일란성 쌍생아의 신장의 상관은 0.80이다. 그에 비해 입양되어 다른 가정 환경에서 자란 직계 가족은 상관이 0.40이다.

그렇다면 함께 자란 일란성 쌍생아는 어떨까? 이 쌍생아는 유전과 환경을 완전히 공유한 경우다. 이 경우 상관은 0.90으로 놀랍게도 완벽한 1.0이 나오지 않고 있다. 함께 자란 이란성 쌍생아의 경우는 0.50으로 이란성의 유사성 정도는 보통 형제와 별반 차이가 없다. 형제의 상관 역시 0.50이다. 그러면 체중은 어떨까? 체중에서 형제 차이는 유전적인 면에서 신장 차이만큼 난다. 크게 다르지 않다. 성인기의 상관은 일란성 쌍생아가 0.80, 이란성 쌍생아가 0.50, 형제 역시 0.50이다.

(가족연구 결과를 비교해 신장과 체중의 형제 차이에 미치는 유전과 환경의 상대적 영향을 계산해 보자. 함께 자란 일란성 쌍생아와 따로 자란 일란성 쌍생아는 신장에서 0.90 대 0.80으로 아주 비슷하다. 만약 환경의 영향이 크다면 차이가 클 것이다. 따라서 이는 유전의 영향을 시사하는 것이라 할 수 있다. 또한 함께 자란 이란성 쌍생아보다 따로 자란 일란성 쌍생아의 신장이 더 비슷하다. 이 역시 유전의 영향을 지지하는 것이다.)

그렇다면 유전적 영향은 얼마나 될까? 가족연구들을 보면 형제의 신장 차이의 80%, 체중 차이의 60%가 형제의 유전적 차이에서 온다고 한다. 결국 우리가 얼마나 크고 날씬한가는 부모의 체형과 많이 관련된 듯하다. 다행이라면 그 영향이 100%에 이르지 않는 것이라고 할까. 말 그대로 국화빵처럼 찍혀 나오는 것은 아니니 말이다.

그렇다면 신장과 체중에서 유전으로 설명되지 않은 20%와 40%는 어디서 오는 것인가. 나머지는 비유전적 요인, 즉 환경에서 오는 것이리라. 그럼 환경은 어떤 영향을 줄까? 흔히 한 가정의 아이들의 신장과 체중은 그 가정의 식습관, 영양 상태, 생활 스타일과 관련이 많다고 생각한다. 특히 체중의 경우가 그런 관련이 더 높다고 생각한다. 실제 결과를 보면 신장보다 체중에서 환경의 영향(20% 대 40%)이 차지하는 비율이 높다.

형제가 공유한 환경은 형제의 신장과 체중 차이에 어떻게 영향을 미칠까? 그런 점에서 어릴 때부터 입양된 형제들은 어떤 관계를 보일까? 입양 형제는 유전적으로 관련이 없지만, 같은 집에서 함께 생활하는 사람들이다. 결과는? 같은 가정에서 자라지만 아무 상관없는 입양 형제들의 신장과 체중은 정말 말 그대로 아무 상관이 없었다. 상관이 거의 0이었다. 여기서 형제의 공유한 환경의 영향은 신장, 체중과 관계가 없다는 결론을 내릴 수 있다. 함께 식사하고 생활한다는 것이 형제의 신장과 체중을 비슷하게 해주지 못하는 것이다. 입양 형제의 신장과 체중의 차이는 유전적 차이거나 공유하지 않은 환경의 차이에서 온다. 이 경우 공유하지 않은 경험이 유전에 의해 설명되지 않는 형제 차이를 모두 설명하는 것이다.

결국 형제의 신장 차이에서 80%가 유전적 차이고, 체중 차이에서 60%가 유전적 차이에서 온다. 그렇다면 나머지 신장에서의

20%, 체중에서의 40%가 형제의 공유하지 않은 환경에서 온다. 물론 이런 숫자는 절대적이기보다 평균적으로 추정한 값이므로 형제에 따라 더 클 수도, 더 작을 수도 있다.

질병도 물려주나

어째서 한 형제는 질병에 걸리는데,
다른 형제는 걸리지 않을까?
그 답은 두 형제가 공유하지 않은 환경에 있다.
질병에서도 공유한 환경의 역할은 미미하기에
공유하지 않은 환경의 중요성이 떠오른다.

제1장에서 설명했듯이 다행히도 질병 일치율에서 형제는 거의 관련이 없었다. 실제로 질병에 대한 유전적 영향은 신장과 체중에서의 유전적 영향보다 상당히 낮게 나온다. 쌍생아연구 결과를 비교해 보면 일란성 쌍생아와 이란성 쌍생아의 상관이 심장병은 0.24와 0.13, 유방암은 0.08과 0.06, 궤양은 0.19와 0.10이다. 일란성 쌍생아와 이란성 쌍생아의 차이는 거의 없다고 할 수 있다. 있다고 해도 그 차이가 아주 미미하다. 왜냐하면 질병에 유전적 영향이 크다면 유전적으로 같은 일란성 쌍생아의 발병 정도와 유전적으로 다른 이란성 쌍생아의 발병 정도가 많이 차이 날 것이기 때

문이다.

제2차 세계대전 참전 군인 쌍생아를 대상으로 한 연구 결과도 비슷하다. 질병에서 일란성 쌍생아와 이란성 쌍생아의 일치율을 보면 당뇨병에서 18.8%와 7.9%, 궤양에서 23.8%와 14.8%, 고혈압에서 25.9%와 10.8%, 허혈성 심질환에서 29.1%와 18.3%였다. 역시 쌍생아의 일치율은 그렇게 차이가 나지 않았다. 질병에서 형제 차이에 유전적 영향이 별로 크지 못함을 알 수 있다.

평균적으로 질병에서 형제 차이의 7% 이하가 형제의 유전적 차이에 의한 것이라고 한다. 유전적 영향이 질병에서 7% 이하라는 결과와 신장과 체중에서 80%와 60%라는 결과를 비교해 보라. 신장과 체중에서 형제 차이를 가져오는 가장 큰 요인이 유전이라면 심장병, 암, 당뇨병, 건초열 같은 질병에서 형제 차이를 가져오는 유전적 영향은 아주 작다. 질병에서 나타나는 형제 차이는 대부분 비유전적 요인에 의해 설명된다는 뜻이다. 비유전적 요인!

형제간 질병의 차이는 공유하지 않은 환경의 차이

왜 한 형제는 질병에 걸리는데, 다른 형제는 그 질병에 걸리지 않을까? 답은 두 형제가 공유하지 않은 환경에 있다. 전염병의 경우, 형제가 감염의 원인에 접촉하느냐의 여부는 우연이라고 한다.

심장병, 위궤양, 천식과 같이 전염되지 않는 병에서 형제 차이역시 가족 내의 환경 차이에서 오는 것이다. 질병의 원인이 가족간의 다른 환경에 있는 것이 아니라 가족 내의 다른 환경, 즉 공유하지 않은 환경에서 온다는 것이다. 한 가정에서 자라는 형제가 어떤 다른 경험을 하기에 이런 다른 결과를 가져올까? 그것을 안다면 질병의 이해와 치료에 커다란 도움이 될 것이다.

형제가 실제로 다른 삶을 사는 성인기에 이런 질병들이 일어나는 경우 흡연, 음식, 생활 형태에서의 차이가 질병 발생에서 형제 차이를 가져온다. 성인기에 형제는 더 이상 한 가정에서 살지 않고 각자의 가정을 가지고 있으므로 형제의 다른 경험을 가족 내에서는 찾을 수 없다. 그러나 질병이 형제가 한 가정에서 사는 시기에 온 것이라면 가족 내에서 형제가 갖는 경험의 차이를 살펴보아야 한다. 오랫동안 가족 구성원들을 공통적인 경험을 하는 하나의 단위로 취급해 왔기에 가족 구성원의 공유하지 않은 경험의 중요성은 정녕 충격인 것이다.

초등학교까지의 성적은 부모 하기 나름?

머리가 좋고 나쁜 것은 타고나는 것일까,
아니면 환경에 의해 달라지는 것일까?
환경에 의한 것이라면 얼마나 달라질 수 있을까?
과연 어린 자녀에게 쏟아 붓는 부모의 교육적 투자는 얼마나 효과가 있을까?
정말 할 만한 것인지, 정말 아이의 삶을 다르게 만들 수 있는 것인지.

질병보다 심리적 특성에서 유전적 영향이 더 나타난다는 것은 조금 의외다. 심리적 특성이란 학업 성취, 지능, 기억, 범죄성, 우울, 성격 같은 것들이다. 심리적 특성에서도 하위 요인에 따라 유전적 영향이 다르게 나타난다. 예를 들면 기억력은 언어나 공간 능력보다 유전적 영향이 적게 나타나며, 외향성과 신경성 같은 성격 요인은 다른 성격 요인들보다 유전적 영향이 많이 나타난다.

평균적으로 심리적 특성에서 형제 차이의 3분의 1 정도가 유전적 요인에서 온다고 한다. 평균적으로! 질병에서 형제 차이의 7% 이하가 형제의 유전적 차이에서 온다는 발견과 비교하면 심리적 특성에서 형제 차이를 가져오는 유전적 차이는 작지 않다. 물론 형제 차이의 3분의 2가 비유전적 요인에 기인한다는 사실에 비추어 본다면 상대적으로 3분의 1이라는 유전적 영향은 작다고 할 수 있다. 하지만 유전이 우리의 심리적 특성에 실질적으로 영향을 준다는 사실을 말하고 싶다.

사람들이 가장 많은 관심을 갖고 연구해 온 지능에서는 어떨까? 성격 나쁘다는 소리보다 머리 나쁘다는 소리가 더 기분 나쁜 이유는 뭘까? 인간성이 중요하다고 하지만 인간성이나 성격이 좋아서 대학에 들어간 사람은 없다. 그만큼 지능은 오늘날의 치열한 두뇌 경쟁 사회에서 중요한 능력이다. 그러나 지능이 곧 학업 성취를 의미하는 것은 아니다. 지능이란 그보다 더 넓은 의미로 환경의 요구에 적절하게 대처하는 전반적인 적응 능력이라고 할 수 있다.

지능을 결정하는 것은 유전일까, 환경일까

그런 지능에서의 개인차는 어디서 오는 것일까? 지능이 유전이나 환경이냐에 대한 논쟁은 오랜 역사를 갖고 있다. 이 지능의 유전-환경 논쟁은 정치적으로, 사회적으로, 교육적으로 중요한 주제이고 민감한 사안이다.

사회적으로 지능을 중요하게 여기다 보니 가정에서도 중요한 문제가 되고 있다. 특히 우리 나라처럼 부모가 자녀의 높은 지적 성취를 기대하는 경우에는 더욱 그러하다. 자녀의 교육을 위해서라면 무엇이든 하겠다는 부모가 얼마나 많은가. 자녀의 성적이 좋지 않을 때 부모는 서로 상대의 머리를 탓하기도 한다. 머리가 좋다고 꼭 공부를 잘하는 것은 아닌데. 그렇다면 형제의 학업 성취의 차이는 어디서 오는 것인가? 지적 능력에 근본적인 차이가 있는 것인가, 아니면 노력에 차이가 있는 것인가, 혹은 환경의 영향인가? 환경에 의해 달라진다면 얼마나 달라질 수 있을까? 많이 달라진다고 믿기에 조기 교육이 그렇게 엄청나게 거센 것 아니겠는가. 과연 어린 자녀에게 쏟아 붓는 부모의 교육적 투자는 얼마나 효과가 있을까? 정말 할 만한 것인지, 정말 아이의 삶을 다르게 만들 수 있는 것인지.

함께 자란 형제는 유전과 환경을 공유한 경우다. 각각 다른 가정에 입양되어 따로 자란 친형제는 유전을 공유했지만, 다른 환경에서 성장한 경우다. 입양 형제는 유전은 다르지만, 환경은 공유한 경우다. 지능에서 유전과 환경을 모두 공유한 형제의 상관은 0.47, 환경만 공유한 입양 형제의 상관은 0.32, 유전만 공유한 친

〈표 2〉 쌍생아와 입양 연구의 IQ 상관

유형	대상	대상의 수(쌍)	상관
가족 연구	부모-자녀	8,433	0.42
	형제	26,473	0.47
입양 연구	친부모-입양된 자녀	814	0.22
	친형제	203	0.24
	양부모-입양한 자녀	1,397	0.19
	입양 형제	714	0.32
	떨어져 성장한 일란성 쌍생아	65	0.72
쌍생아 연구	함께 성장한 일란성 쌍생아	4,672	0.86
	함께 성장한 이란성 쌍생아	5,546	0.60

형제는 0.24다. 유전과 환경을 모두 공유한 친형제의 지능이 가장 비슷하다. 그 다음이 환경만을 공유한 입양 형제, 그리고 유전만 공유한 친형제 순서다. 유전만 공유한 친형제의 지능보다 환경만 공유한 입양 형제의 지능의 상관이 더 높게 나온 것은 형제의 지적 능력에 공유한 환경의 영향을 시사하는 것이다. 즉 어떤 환경에서 살고 어떤 경험을 하느냐에 따라 지능이 달라질 수 있다.

(부모와 자녀의 지능의 상관은 0.42 정도다. 형제의 상관과 별로 다를 것이 없다. 입양된 경우는 어떨까? 친부모와 입양된 자녀는 유전은 공유했지만 환경은 공유하지 않은 경우로 상관이 0.22다. 양부모와 입양한 자녀는 유전은 공유하지 않았지만 환경은 공유한 경우인데 상관이 0.19다. 양부모와 입양한 자녀의 상관 0.19와 입양 형제의 상관 0.32를 비교해 보라. 입양 가족은 입양 과정을 통해 유전은 공유하지 않았지만 환경을 공유한 가족이다. 이런 경우 지적 능력에서 양부모와 입양 자녀의 관계보다 입양되어 함께 성장한 형제가 더 비슷하다. 이것은 부모와 자녀보다 형제가 공유한 환경이 많기 때문 아닐까? 형제보다 부모와 자녀는 세대도 다르고 경험한 환경도 다를 테니 말이다.)

입양연구는 지능에 미치는 공유한 환경의 영향을 보여 주는데, 비슷한 다른 예로 이스라엘의 키부츠의 아이들을 들 수 있다. 키부츠의 아이들은 부모와 떨어져 어릴 때부터 가정과는 다른 집단 생활을 한다. 이 아이들의 IQ를 살펴본 결과 상관계수가 0.29였다. 입양 형제나 키부츠의 아이들 모두 부모가 다르다. 그러니 유전적으로 전혀 상관없는 아이들이다. 이 아이들이 공유하는 것은 환경이다. 이 아이들의 IQ 상관이 0.29라는 것은 이 아이들의 유사성은 순전히 공유한 환경에서 나온 것이라고 할 수 있다.

이 결과는 의미하는 바가 상당하다. 왜냐하면 초기에 가정에서 어떤 경험을 제공하느냐에 따라 아이들의 지능이 달라진다는 의미이기 때문이다. 가정에서 공유한 경험이 형제의 지능에 영향을 준다면, 각 가정의 환경에 따라 지능이 달라질 수 있다는 의미 아닌가. 그렇다면 아이의 지능은 그 가정과 관련된 변인에 따라 차이가 나는 것인가? 그러니까 사회 경제적 지위라든가, 부모의 교육이라든가 직업 혹은 양육 방식 같은 가족간 변인에 따라 차이가 나는 것인가?

최소한 아동기에는 형제가 공유하는 환경으로서 공통적으로 경험하는 이런 가족간 변인에 따라 아동의 지능이 다르게 나타날 수 있다. 아동기의 지능에 아이의 공유한 경험이 영향을 주기 때문이다. 그렇다면 결국 지능이란 가족간의 환경 차이에서 오는 것인가?

부모가 아이에게 어떤 양육 환경을 제공하느냐에 따라 아이의 지능이 달라질 수 있다. 그렇다면 어린 시절 그토록 극성맞게 아이에게 교육적 투자를 하는 부모의 생각이 맞았단 말인가? 그런 것인가? 아동기의 지능에 대한 자료만 보면 잠정적으로 그렇다는 결론이 내려진다.

성장할수록 형제의 지능이 달라지는 까닭은?

그러나 형제의 공유한 경험이 지능에 미치는 영향은 달라진다.

앞에 제시한 입양연구는 아동기에 있는 입양 형제의 지능을 측정한 것이다. 이 때는 분명히 입양 형제의 지능 차이에 공유한 환경의 영향이 나타나고 있다. 그런데 그 영향이 아동기를 넘어서면 급격히 감소한다. 입양 형제가 청소년기에 이르자 이들의 지능은 거의 관계가 없었다. 결국 입양 형제는 청소년기에 들어서 지능에서 관련 없는 낯선 사람처럼 달랐다. 결국 아동기 이후에는 형제의 공유한 경험이 별로 영향을 주지 못한다는 것이다.

아동기 이후에 지능의 발달에 무슨 일이 일어난 것일까? 이를 알아보기 위해 일단 지능에 미치는 유전의 영향을 살펴보자. 함께 자란 일란성 쌍생아의 지능의 상관은 0.86이고, 따로 자란 일란성 쌍생아의 상관은 0.72다. 함께 자랐든 따로 자랐든 유전적으로 똑같은 일란성 쌍생아의 지능 상관이 가장 높다. 보통 형제가 보이는 0.47과 비교해 보라. 앞의 〈표 2〉를 보면 유전적으로 가까울수록 상관이 높게 나온다. 이를 보면 유전이 지능에 영향을 준다는 의미인데, 어느 정도나 줄까?

입양연구와 쌍생아연구 결과를 보면 아동기에는 지능 변량의 40% 정도가 유전에서 온다. 이미 심리적 특성에서 형제 차이의 3분의 1이 유전적 차이에서 온다고 했다. 그런데 이것이 형제의 지능 차이에 미치는 유전적 영향의 전부는 아니다. 아동기에서 성인기로 갈수록 지능에서의 형제 차이는 커진다. 형제의 지능에서 아동기의 상관이 0.47이라면 성인기에는 0.31이다. 즉 나이 들수록 형제의 지능은 점점 더 달라진다는 것이다. 지능에서 형제 차이가 점점 더 벌어지는 것이다. 이렇게 성장할수록 형제의 지능이 차이 나는 이유는 무엇일까?

유전의 영향이 변하는 것일까, 아니면 형제가 성장하면서 환경이나 경험이 달라지는 것일까? 아동기에 유전의 영향이 40% 정도라면 아동기 이후에 유전의 영향은 더 작아지지 않을까? 아동기 이후에 형제는 가정 밖에서 서로 다른 경험을 더 많이 할 것이기 때문이다. 친구, 또래 집단, 교사, 학교 등 형제의 사회적 세계가 더욱 확대될 테니 말이다. 그런데 결과는 놀라운 방향으로 나타났다. 성장할수록 지능에서 유전의 영향이 더 커진다는 것이다. 성인기의 지능 차이의 50%가 유전적 차이에서 온다는 것이다. 50%! 절반이나 된다. 그렇다면 성장할수록 지능에서 유전의 영향이 더 커지고 환경의 영향은 줄어든단 말인가?

형제가 커 갈수록 지능에서 더 큰 차이가 나는 이유 가운데 하나는 앞에서 지적한 대로 유전의 영향이 증가한다는 것이다. 아동기에 지능의 차이에 대한 유전의 영향이 40% 정도라면, 성인기 지능에서 유전의 영향은 50%로 증가했다. 그렇다면 환경은 어떻게 되는 것인가.

환경에는 형제가 공유한 환경과 공유하지 않은 환경이 있다고 했다. 아동기까지는 형제가 한 가정에서 공유한 경험이 지능에 영향을 주었다. 그래서 형제의 지능이 많이 비슷하기까지 했다. 그런데 아동기 이후에 형제의 공유한 경험의 영향이 급격히 감소한다. 얼마나 감소할까? 놀랍게도 30%에서 5% 정도로 줄어드는 것으로 추정된다. 엄청난 감소다. 그렇다면 계산을 해 보자. 아동기 이후 유전의 영향이 50%로 증가하면 나머지 50%는 환경의 영향일 것이다. 50% 중 형제가 공유한 환경이 5%라고 하면 나머지 45%는 형제의 공유하지 않은 경험과 오차다. 아동기 이후에 형제의 지능이 다른 것은 유전적 차이와 공유하지 않은 경험의 차이에서 오는 것이다. 그리고 이 두 요인의 영향은 아동기 이전보다 이후에 보다 커진다.

정리를 해 보자. 아동기까지 지능에 형제의 공유한 경험이 영향을 준다. 그래서 아동기의 형제는 지능에서 유사성을 보인다. 그런데 아동기 이후에는 유사성이 낮아지면서 차이가 더 커진다. 형제의 지능에서 이런 변화는 무엇을 의미하는가. 결국 지능의 차이를 이끄는 요인들의 변화라고 할 수 있다.

아동기에 형제 지능의 차이는 유전, 공유한 경험, 그리고 공유하지 않은 경험의 차이에서 온다. 그런데 아동기 이후에는 유전과 공유하지 않은 경험의 영향이 증가하고 공유한 경험의 영향은 미미해진다. 공유하지 않은 경험이 증가한다는 의미는 무엇일까? 앞에서 설명했듯이 아동기 이후에는 스스로 환경을 선택하는 경향이 증가한다. 그리고 이런 적극적 선택으로 인해 형제는 달라지는 것이다. 지능은 유전과 환경의 상호작용이 시간에 따라 어떻게 변하는지를 잘 보여 주는 것이라 할 수 있다.

창의성은 유전되지 않는다?

IQ보다는 특수한 인지 능력에서 유전적 영향이 조금 덜 나타나며,
특수한 인지 능력보다는 창의성에서 유전적 영향이 덜 나타난다고 한다.
그렇다면 창의성은 다른 어떤 인지 능력보다 길러질 확률이 높다는 것인가?
적절한 환경과 기회만 제공된다면 아이의 창의성은 자랄 수 있는 것인가?

지능 이외의 다른 인지 능력에서 유전과 환경의 영향을 추정하는 것은 조금 조심스럽다. 그 이유는 다른 인지 능력에 대한 연구가 지능에 대한 연구만큼 많지 않기 때문이다. 유전과 환경의 영향에 대한 추정 자체가 하나의 위험이 될 수도 있다. 여기서는 간략하게 소개하는 정도로 그치겠다.

앞에서 살펴보았듯이 특수한 인지 능력에서 형제는 별로 비슷하지 않았다. 일반적인 지능보다 특수한 인지 능력의 차이가 더 컸다. 그러한 형제 차이는 인지 능력의 종류에 따라 또 다르게 나타났다.

　쌍생아를 대상으로 언어 검사와 공간 검사를 실시한 연구들의 결과를 보면 일란성 쌍생아의 경우 0.64~0.78, 이란성 쌍생아의 경우 0.41~0.59의 상관계수가 나왔다. 그런데 기억 검사에서 쌍생아의 상관이 가장 낮게 나왔다. 일란성 쌍생아는 0.52, 이란성 쌍생아는 0.36으로 언어 검사나 공간 검사에서보다 낮은 상관이 나왔다. 기억 능력은 다른 형태의 정신 능력보다 유전적 영향을 더 적게 받는 것 같다. 또한 언어 능력에서 유전적 영향이 덜 나타나는 반면, 공유한 환경의 영향이 더 나타난다고 한다. 아이의 언어 능력은 그 가정에서 어떤 언어적 환경을 제공하느냐가 중요한가 보다.

　학업 성취에서 형제는 어떨까? 지적 능력에서보다 학업 성취에서 형제는 약간 더 비슷하다고 했다. 학업 성취에는 지적 능력 이외에 동기, 정서, 태도 등의 다른 요소가 영향을 주기 때문이다. 쌍생아를 대상으로 한 연구들에서 일란성 쌍생아와 이란성 쌍생아의 상관은 읽기에서 0.72와 0.57, 쓰기에서 0.76과 0.50, 수학에서 0.81과 0.48, 그리고 역사에서 0.80과 0.51이었다. 쌍생아연구 결과를 보면 학업 성취에서도 유전적 영향이 어느 정도 나타나고 있다.

　그러면 창의성은 어떨까? 사실 창의성이란 설명하기 어려운 개념이다. 어쩌면 성격보다 더 혼란스러운 개념이라고도 할 수 있다. 도대체 무엇을 보고 창의적이라고 할 것인가. 어떤 사람을 보고 창의적이라고 할 것인가. 한마디로 설명하기 어려운 창의성을 측정하고 비교까지 한다는 일은 얼마나 힘들까. 이런 이유 때문에 학자들은 다른 인지적 능력에 비해 창의성을 별로 다루지 않았다. 과연 형제의 창의성은 비슷할까? 이에 대한 연구는 많지 않지만, 쌍둥이를 대상으로 한 창의성 검사에서 평균적으로 일란성 쌍생아는 0.57, 이란성 쌍생아는 0.44로 나왔다.

공유하지 않은 경험에 관심 가져야

IQ보다는 특수한 인지 능력에서 유전적 영향이 조금 덜 나타난다고 한다. 또한 특수한 인지 능력보다는 창의성에서 유전적 영향이 덜 나타난다고 한다. 심지어 어느 학자는 IQ 변인을 제거하면 창의성에서 거의 유전적 영향이 나타나지 않는다고 주장하기도 했다. 그렇다면 창의성은 다른 어떤 인지 능력보다 길러질 확률이 높다는 것인가? 적절한 환경과 기회만 제공된다면 아이의 창의성은 자랄 수 있는 것인가? 하지만 도대체 적절한 환경이란 무엇인지.

지능에 비해 자료가 많지 않기 때문에 다른 인지적 능력에 공유한 경험의 영향이 어느 정도인지 단정하기는 어렵다. 어떤 연구는 인지적 능력에서 공유한 경험의 영향이 25% 정도 된다고 추정한다. 하지만 형제의 학업 성취, 언어 능력(그리고 창의성)에서는 공유한 경험이 영향을 미치는 것으로 나타났다. 물론 이런 인지적 능력에서 공유한 경험의 영향이 나타났다고 해서 공유하지 않은 경험의 영향이 미미하다는 것은 아니다. 공유하지 않은 경험 역시 공유한 경험과 함께 인지적 능력에 영향을 준다. 다만 다른 심리적 특성에서는 공유하지 않은 환경의 영향이 주로 나타나는 데 비해, 인지적 능력에서는 공유한 경험의 영향이 나타난다는 것이다.

현재까지는 아동기 이후에 지능과 같이 다른 인지적 능력에서도 공유한 경험의 영향이 감소하고 공유하지 않은 경험의 영향이 더욱 증가하는지는 알 수 없다. 그에 대한 연구 결과가 많지 않기 때문이다. 다만 개인이 성장할수록 형제의 공유한 경험은 줄어들고 공유하지 않은 경험의 영향은 증가할 것이라고 본다. 왜냐하면 성인기나 노인기로 접어들수록 개인차가 더욱 나기 때문이다. 더욱이 다른 심리적 특성의 경우 환경의 영향은 거의 전부 공유하지 않은 경험에서 온다. 오랫동안 공유한 경험의 영향에 대한 강조로 인해 공유하지 않은 경험에 대해 잘 몰랐던 것이다. 이제 개인차를 이끄는 공유하지 않은 경험에 관심을 갖고 연구할 때다.

나만의 독특한 성격은 어디서 오나

성격 차이에서 유전적 차이의 영향이 최대 40%, 오차 20%라고 할 때
나머지 차이 40%는 환경에서 오는 것이 된다.
40%의 환경의 영향에서
공유한 환경과 공유하지 않은 환경의 몫은 얼마나 될까?

사람들의 성격은 참으로 가지각색이다. 이처럼 제각각인 성격은
어느 정도 타고나는 것인지, 아니면 후에 그렇게 형성되는 것인지
참으로 궁금하다. 성격에서 형제의 상관은 평균적으로 0.15다. 이
미 말한 바와 같이 성격 연구에 따라 측정한 요인이 다르고, 그러
다 보니 결과도 모두 다르다. 고등학생 쌍생아에게 다양한 성격 검
사를 사용한 결과 성격 상관이 0.30~0.50으로 나왔다.

앞에서 밝혔듯이 성격의 주요한 두 특성인 외향성과 신경성에서
형제의 상관은 0.25와 0.07이다. 그렇다면 성격에서 유전적 영향
은 얼마나 나타날까?

(함께 자란 쌍생아인 경우 외향성의 상관은 일란성 쌍생아가 0.54, 이란성 쌍생아가 0.06이다. 따로 자란 쌍생아의 외향성 상관은 일란성 쌍생아가 0.30, 이란성 쌍생아가 0.04다. 함께 자랐든 따로 자랐든 일란성 쌍생아가 이란성 쌍생아보다 높은 상관을 보인다. 신경성의 경우에는 함께 자란 일란성 쌍생아가 0.41, 이란성 쌍생아가 0.24이고, 따로 자란 일란성 쌍생아는 0.24, 이란성 쌍생아는 0.28이다. 신경성에서는 함께 자란 일란성 쌍생아가 이란성 쌍생아보다 높은 상관을 보이는 편이라고 할까.)

성격은 얼마나 유전될까

쌍생아연구 결과를 보면 외향성 40%, 신경성 30% 정도가 유전적 차이에서 온다. 외향성이나 신경성 모두 유전적 영향이 나타나는데, 특히 외향성에서 더 큰 영향이 나타난다. 외향성, 신경성, 그리고 그와 관련된 성격 특성들은 다른 성격 특성들에 비해 유전적 영향이 많이 나타나는 편이다.

이 특성들과 관련 없는 다른 성격 특성들은 유전의 영향이 덜 나타난다. 예를 들면 남성성, 그리고 모호함에 대한 관용 같은 태도에서 일란성 쌍생아와 이란성 쌍생아의 상관은 0.46, 0.40, 그리고 0.49, 0.38이다. 이런 특성에서 보통 형제의 상관은 0.40 정도다. 이 두 차원에서 일란성과 이란성은 별로 다르지 않음을 알 수 있다. 즉 태도 같은 성격 특성에서는 유전적 영향보다 비유전적 영향이 나타난다.

그러면 성격에서 환경의 영향은 얼마나 될까? 성격에서 형제는 평균 0.15의 상관을 보인다. 형제는 성격에서 아주 많이 다르다. 성격 특성에 따라 유전적 영향이 다르지만, 형제의 유전적 차이가 미치는 영향은 많아야 30~40%라고 했다. 그렇다면 나머지는 환경의 차이와 오차에서 온다고 할 수 있다. 심리 검사로 측정한 모든 특성에는 반드시 오차가 들어간다. 잘 만든 심리 검사는 오차를 최소로 줄이고 측정하고자 하는 특성을 최대로 측정하는 것이다. 여기서 거론하는 모든 심리적 특성의 차이에는 10% 정도의 오차가 있다. 그런데 성격에는 그보다 많은 20% 정도의 오차가 있다. 그만큼 성격에서 측정하고자 하는 특성을 제대로 측정하기가 어렵다는 말이다.

자, 그럼 계산을 해 보자. 성격 차이에서 유전적 차이의 영향이 최대 40%, 오차 20%라고 할 때, 나머지 차이 40%는 환경에서 오는 것이 된다. 40%의 환경의 영향에서 공유한 환경과 공유하지 않은 환경의 몫은 얼마나 될까?

유전적으로 관련이 없지만 같은 가정 환경을 공유한 입양 형제는 공유한 환경에 대한 평가치를 제공한다고 했다. 앞에서 입양 형제의 성격의 상관이 평균 0.05라고 했다. 거의 0에 가까운 이 숫자의 의미는 입양 형제의 성격 중 5%가 공유한 환경에서 온다는 의미다. 단 5%! 이 숫자는 일반 집단에서 관련 없는 낯선 두 사람을 뽑아 둘의 성격 상관을 측정하면 나올 수치와 비슷하다. 따라서 입양 형제는 낯선 사람만큼이나 성격이 다른 것이다.

다른 심리적 특성들에 미치는 공유한 환경의 영향 역시 성격에서와 별반 다르지 않다. 거의 모든 심리적 특성의 차이에 미치는 공유한 환경의 영향은 5% 안팎이다. 예외적인 경우라면 앞에서 설명한 인지적 능력이다. 또한 성격에도 예외적인 경우가 있는데, 남성성-여성성, 종교, 정치적 신념과 같은 어떤 태도나 신념 등에서 공유한 환경이 효과를 보인다. 형제가 비슷한 태도나 신념을 갖는 데는 같은 가정에서 가진 비슷한 경험이 영향을 주는 것 같다.

대부분의 성격 특성에서 일란성 쌍생아와 이란성 쌍생아의 상관은 0.50과 0.30이다. 보통 형제의 상관이 0.15인 것에 비교하면 0.50은 대단히 높다고 할 수 있다. 분명 보통 형제보다 쌍생아의 성격이 더 비슷한 것이다. 일란성 쌍생아는 유전자형이 똑같고 외모와 연령이 같기에 부모를 포함한 사람들이 쌍생아를 비슷하게 취급하는 편이다. 그리고 거의 모든 활동을 함께 한다. 즉 유전과 환경을 포함한 모든 것을 공유한다. 그런데 외모와 연령이 같은 일란성 쌍생아마저 성격이 비슷한 정도는 50%, 즉 절반 정도에 지나지 않는다.

일란성 쌍생아의 성격 차이가 어디서 오는지 한번 계산해 보자. 대략 따져 보면 차이의 40%는 유전적 차이에서, 10%는 공유한 환경에서, 그리고 나머지 50%는 공유하지 않은 환경과 오차에서 온다고 한다. 일단 공유한 경험에서 차이가 난다. 앞에서 유전적으로 관련 없는 입양 형제를 대상으로 공유한 환경에 대한 직접적인

평가치를 추정했을 때 형제는 공유한 경험이 5%인 데 비해 일란
성 쌍생아는 10%였다. 이는 외모와 연령이 같은 일란성 쌍생아가
보통 형제보다는 비슷한 경험을 많이 한 결과인지도 모른다. 다른
형제보다 비슷하게 취급받아 온 일란성 쌍생아의 성격 차이는 상
당 부분 공유하지 않은 경험의 차이에서 온다.

정신병도 물려주나

정신분열증은 유전인가?
환경이 전혀 영향을 주지 못하는 것인가?
왜 같은 부모에게서 태어나 같은 집에서 지내는 형제가 다를까?
유전이 영향을 준다면 왜 정신분열증에서 형제의 일치율이 10%에 그칠까?

정신병의 원인이 유전이냐 환경이냐는 지능에 대한 논쟁만큼 뜨겁다. 그렇게 타고난 것일까, 아니면 환경에 의해 그렇게 되는 것일까? 앞에서 정신분열증 환자의 형제가 정신분열증을 보일 가능성은 10%라고 했다. 평균적으로 부모가 정신분열증인 경우 그 자녀의 가능성은 13%다. 부모-자녀, 형제와 같은 직계 가족이 정신분열증을 보일 가능성은 8.4%로 일반인이 정신분열증을 보일 가능성 1%보다 8배가 높다. 그러나 정신분열증 환자 90%의 직계 가족이 정신분열증을 보이지 않는다.

정신분열증의 원인을 따질 때 흔히 정신분열적 유전자와 정신분열적 환경이란 표현을 쓴다. 정신분열증 환자인 부모가 자녀에게 정신분열증을 담고 있는 유전자를 계승하기 때문일까, 혹은 혼란으로 가득한 정신분열적인 양육 환경을 제공하기 때문일까, 아니면 혼란스러운 유전자와 환경을 둘 다 제공하기 때문일까……. 일반인보다 직계 가족이 보일 가능성이 8배라는 것은 정신분열증의 유전적 영향을 의미하는 것일까?

1960년대에 이루어진 5개의 쌍생아연구에서 정신분열증의 일치율은 일란성 46%, 이란성 14%로 나왔다. 제2차 세계대전 참전 군인들 중 쌍생아를 대상으로 한 연구에서의 일치율은 일란성 30.9%, 이란성 6.5%였다. 이 연구는 일반적인 질병에서보다 정신분열증에서 유전적 영향이 크며, 정신분열증에서 나타나는 가족의 유사성이 공유한 환경보다 유전에서 온다는 것을 보여 준다.

정신분열증은 유전인가

정신분열증에 대한 유전과 환경의 상대적 기여도를 추정해 보면 결과는 성격과 흡사하다. 정신분열증 환자인 어머니로부터 떨어져 어릴 때 다른 가정으로 입양된 아이들이 있다. 정상 가정에서 자란 이 아이들이 나중에 정신분열증을 보일 가능성은 얼마나 될까? 또 정신분열증 가정에서 그대로 성장한 아이들이 나중에 발병할 가능성은 얼마나 될까? 만약 유전이 큰 영향을 준다면 두 집단 아이들의 정신분열증 발병률은 그리 차이가 나지 않을 것이다.

결과는 별 차이가 없는 것으로 나타났다. 그렇다면 정신분열증은 유전인가? 환경이 전혀 영향을 주지 못하는 것인가? 그렇다면 왜 같은 부모에게서 태어나 같은 집에서 지내는 형제는 다를까? 유전이 영향을 준다면 왜 정신분열증에서 형제의 일치율은 10%에 그치는가. 오히려 형제의 공유한 환경이 정신분열증의 발병 가능성에 별로 영향을 주지 못하는 것 아닌가.

그렇다면 형제의 정신분열증의 발병 차이에 영향을 주는 것은 유전적 차이와 공유하지 않은 경험일 것이다. 이 중에서 정신분열증에 대한 유전적 영향은 앞에서 쌍생아연구 결과를 비교할 때 이미 설명했다. 정신분열증에서 유전적 영향은 40%, 공유하지 않은 경험의 영향이 40%, 그리고 공유한 환경은 5% 정도로 추정한다. 나머지 수치는 오차에 해당한다.

형제의 공유하지 않은 경험과 유전적 차이가 바로 같은 가정에서 자라면서 한 형제는 부모처럼 정신분열증을 보이고, 다른 형제는 정상적으로 살아가는 이유가 될 것이다. 어떤 아이는 유전적으로 취약해서 정신분열증의 가정에서 스트레스를 주는 경험을 더 많이할 지도 모른다. 유전적으로 취약한 아이는 작은 자극에도 상처받을 수 있다. 부모의 이상한 행동과 말에 불안이 증가해 극도로 예민해질 수 있다. 이상한 부모와 한 가정에서 사는 것 자체가 힘들고 고통스러운 것이다.

반면 다른 형제는 다행히도 유전적으로 취약하지 않고 더욱이 가정 안팎으로 스트레스를 덜 받을 수 있다. 같은 사건이라도 사람에 따라 즐거움이 되기도 하고 스트레스가 되기도 한다. 물론 부모의 정신분열증 증상이 아이에게 즐거움이 된다는 것은 아니다. 정신분열증 부모 밑에서 비교적 건강하게 생존하는 아이들은 부모의 병을 자신과 연결시키지 않고 그대로 받아들이는 편이라고 한다. 분명 두 아이는 한 가정에서 태어났지만, 유전과 환경에서 차이를 보인다. 형제의 이런 차이가 다른 결과를 가져오고 그것이 정신분열증의 발병으로 나타나는 것이다.

앞에서 일반인에게 우울증이 나타날 가능성은 5%인데 우울증 환자의 형제에게 나타날 가능성은 20%라고 했다. 쌍생아연구에서 일치율을 보면 일란성은 65%, 이란성은 14%로 상당한 유전적 영향이 나타나고 있다. 그러나 이 입양연구는 우울증의 유전적 영향을 별로 지지하지 않고 있다. 게다가 입양연구 결과들은 일관성마저 없다. 입양연구와 쌍생아연구의 결과가 다르기 때문에 아직은 우울증에서 유전과 환경의 상대적 중요성을 해석하는 데 주의해야 할 것 같다.

형제 차이는 유전적 차이일까

형제는 다르다. 그리고 그 형제 차이가 어디서 오는가에 대한 한 가지 답이 유전적 차이다. 그러나 이 답이 전부는 아니다. 유전적 차이가 형제 차이를 가져온다는 증거는 동시에 비유전적 요인, 즉 환경적 영향을 지지해 준다. 예를 들어 유전이 지능을 결정한다면 유전적으로 똑같고 같은 환경에서 성장한 일란성 쌍생아의 지능 상관계수가 왜 1.0이 안 될까? 0.87이란 숫자는 대단히 높지만, 왜 완벽한 1.0이 나오지 않을까? 결국 지능을 결정하는 데는 유전 이외의 다른 요인이 있다는 얘기다.

일반적으로 심리적 특성에서 형제 차이의 3분의 1이 유전적 차이에서 온다고 했다. 심리적 특성에 따라 유전적 영향은 조금씩 다르다. 그러나 형제 차이를 가져오는 유전적 차이의 영향이 40%를 넘는 경우는 별로 없다. 성인기의 지능을 제외하고. 그렇다면 나머지 3분의 2는 유전적 요인이 아닌 비유전적 요인에 있다는 의미다.

비유전적 요인은 바로 환경이다. 앞에서 유전적 가능성으로 나타나는 유전자형과 환경이 상호작용해서 나타나는 표현형에 대해 설명했다. 비록 표현형이 우리가 관찰할 수 있는 유일한 모습이지만, 그것이 어떤 과정을 거쳐 나오는지는 쉽게 알 수 없다. 여기서 편의상 유전과 환경의 상대적 영향을 분리시켜 보았으나 실제로 우리의 발달이 40%의 유전에 50%의 환경을 더하는 식으로 이루어지는 것은 아니다. 삶이 그리 분명하고 명쾌하면 좋겠지만.

이제부터 형제 차이를 가져오는 환경이 무엇인지 살펴보자. 도대체 왜 한 가정에서 태어나 한 부모 밑에서 성장하는 형제가 그리 달라야 하는지 말이다. 도대체 그 형제에게 무슨 일이 있었는가. 지금까지 줄곧 이야기한 한 가정 내에서 갖는 형제의 다른 경험이란 무엇인지, 그 경험이 어떻게 형제의 차이를 이끄는지, 또 가족 밖에서의 형제의 공유하지 않은 경험에는 어떤 것이 있는지 살펴보자. 그 모든 다른 경험이 어떻게 형제의 다른 발달을 가져왔는지도.

제**2**부

형제 – 애정인가, 갈등인가

■ 부모는 형제를 다르게 만드나
■ 형제는 형제를 다르게 만드나
■ 형제 관계는 애증의 관계인가
■ 가정 밖의 세상에서 형제는 어떤 경험을 할까

1

부모는 형제를 다르게 만드나

형제 — 잊혀진 가족 관계

형제에 대한 궁금증과 질문은 많은데
그에 대한 과학적인 답변은 별로 없다.
근거 없는 추측과 믿음이 난무할 뿐이다.
그리고 어떤 추측은 그대로 신화가 되어 버렸다.
깨지지 않는 신화…….

형제는 왜 다를까? 일단 형제는 다르게 태어난다. 그리고 다르게 성장한다. 형제의 다른 성장을 이끄는 요인이 유전과 환경의 상호작용이라는 것에 반대할 사람은 이제 없다. 그런데 염색체라든가 유전인자 등은 우리 모두에게 우주만큼이나 어렵고 신비한 부분이다. 우리 눈에 보이지도 않는 DNA, RNA, 세포 이런 것들이 우리 삶에서 무엇을 하고 있는지 이해하기란 쉽지 않다.

그래서 우리에게 좀더 친숙하고 잘 아는 듯 느껴지는 이야기를 해 보려고 한다. 잘 안다고 느끼는 이유는 우리가 늘 대하고 있기 때문이다. 그것은 바로 우리를, 아니 형제를 둘러싼 환경이다. 형제의 환경에 가장 큰 영향을 미치는 사람은 바로 부모다. 형제를 낳고 기른 사람이니 말이다. 결국 형제에게 어떤 환경을 제공하느냐는 많은 부분 부모에게 달려 있는 것이다.

프로이트는 생애 초기에 갖는 부모-자녀 관계가 아이의 사회·정서 발달에 중요한 역할을 한다고 했다. 프로이트 이후 심리학자들의 초점은 언제나 부모와 자녀의 초기 관계에 있었다. 우리의 모든 문제는 바로 초기 몇 년 동안의 경험에서 시작된다는 것이다. 아이가 태어나서 부모와 갖는 관계의 중요성을 누가 부인하랴. 다만 초기 부모-자녀 관계가 아이의 발달에 결정적이고 절대적이란 주장은 정녕 너무 결정적이다. 특히 심리학자들은 오랫동안 초기의 관계에서 어머니와 아이의 관계에 주로 초점을 맞추었다. 그럼 다른 가족들은 무엇을 하고 있었단 말인가. 아이의 발달에서 아버지는 어디로 갔는가. 그리고 그 형제들은 어디로 갔는가.

형제 관계 ─ 심리학의 잊혀졌던 영역

1970년대 들어 심리학에서 잊혀진 존재인 아버지의 중요성이 제기되었다. 그러나 형제는 여전히 잊혀진 존재였다. 1980년대 들어 비로소 형제에 대한 연구가 빠르게 일어나기 시작했다. 가정에 어머니와 아이만 있는 것은 아니지 않은가. 가정이란 일종의 관계의 집합이고 관계들은 가정이란 맥락 안에서 서로 영향을 주고받는다. 한 아이를 중심으로 본다면 아버지와 어머니의 관계, 아버지와 아이의 관계, 어머니와 아이의 관계, 부모와 다른 형제의 관계, 그리고 형제와 아이의 관계가 있을 수 있다.

심리학에서 형제 관계는 예외적인 주제다. 왜냐하면 심리학의 연구 대상들은 주로 한 가정의 부모와 자녀 중의 한 명이기 때문이다. 그 연구들에서 형제는 거의 고려되지 않는다. 가끔 형제의 수나 대상 아이의 출생 순위가 표시되는 정도다. 심리학 관련 책보다 오히려 유명한 학자나 화가, 작가 등의 전기나 자서전에 형제에 대한 생생한 이야기가 더 많을 정도다.

그러다 보니 형제에 대한 체계적인 연구는 별로 없는 형편이다. 궁금증과 질문은 많은데 그에 대한 과학적인 답변은 별로 없다. 근거 없는 추측과 믿음이 난무할 뿐이다. 그리고 어떤 추측은 그대로 신화가 되어 버린다. 신화의 놀라운 힘은 아무리 전문가가 아니라 해도 전문가의 의견과 상관없이 죽지 않는다는 것이다. 정녕 놀라운 믿음이다. 그 대표적인 예가 출생 순위에 따른 아이들의 개인차다. 아이의 출생 순위에 따라 성격이나 성취가 다를까? 사람들은 출생 순위에 따라 아이의 특성이 다르다고 믿는다. 하지만 불행히도, 아니 안타깝게도 학자들은 출생 순위가 형제 차이와 거의 관계가 없다고 말한다.

아이의 발달에 영향을 주는 가족 관계는 무엇일까? 이 책의 주제가 형제이므로 형제를 중심으로 주요 관계를 살펴보자. 세 개의 가족 관계를 들 수 있다. 부모와 아이의 관계, 부모와 다른 형제의 관계, 그리고 형제 관계가 그것이다. 먼저 부모와 아이 그리고 부모와 다른 형제의 관계가 아이의 발달에 어떤 영향을 주는지 살펴본 다음, 형제 관계를 살펴볼 것이다. 이 세 관계는 따로 일어나는 것이 아니라 가정이란 맥락 안에서 서로 영향을 주고받는다.

관계란 진공 상태에서 작용하는 것이 아니다. 아이의 사회적 네트워크 안에서 아이의 관계들은 서로 연결되어 있다. 아이가 어릴수록 아이의 사회적 네트워크는 가정 중심으로 구성된다. 그 속에서 부모와 갖는 직접적인 경험만이 아이에게 영향을 주는 것은 아니다. 부모와 다른 형제의 상호작용을 지켜보는 간접적인 경험도 아이의 발달에 영향을 준다. 그런데 어떻게 영향을 줄까?

극과 극을 달렸던 찰스 디킨스와 그의 누나

영국의 작가 찰스 디킨스의 자전적 소설인 《데이비드 코퍼필드》를 보면 주인공의 고단하고 힘든 어린 시절이 나온다. 찰스의 어린 시절이 그렇게 험난하고 어려웠다고 한다. 빈곤과 좌절로 얼룩진 어린 시절을 보낸 찰스는 평생 그의 부모와 사이가 좋지 않았다. 그의 부모는 경제적 문제로 그의 삶을 뒤흔들어 놓았을 뿐 아니라 편애로 그에게 고통과 좌절을 안겨 주었다.

찰스의 부모는 빚을 내서라도 일정한 생활 수준을 유지해야 한다고 생각한 사람들이었다. 그의 부모의 허영을 충족시켜 준 사람이 찰스보다 두 살 위인 누나 패니였다. 당시 중하류층이던 가정 형편상 패니는 왕립음악학교에 갈 처지가 아니었다. 그러나 딸의 성취를 자랑스러워한 부모는 빚을 내면서까지 패니를 왕립음악학교에 보냈고, 찰스는 구두 공장으로 보내 버렸다. 돈이 없어 집에서 공장까지 한 시간씩 걸어다닌 찰스는 런던의 빈민가와 거리를 관찰하게 되었고, 이는 후에 그의 소설의 생생한 자료가 되었다.

구두 공장에 다녀야 하는 찰스와 왕립음악학교에서 공부하는 누나의 처지는 극과 극이다. 그가 느꼈을 고통과 모멸을 상상할 수 있을까. 당사자 이외에 누가 그 고통을 가늠할 수 있을까. 찰스는 그 때의 모멸감과 고통을 다음과 같이 생생히 적어 놓았다.

'나 자신에 대해서 참을 수가 없었다. 모든 영광스런 경쟁, 성공과는 거리가 먼 나. 눈물이 볼을 타고 흘렀다. 나는 기도했다. 밤에 잠자리에 들 때마다 내가 느끼는 그 모든 모욕과 무시로부터 벗어나게 해 달라고……. 그토록 고통스러운 적은 없다.'

누나에 대한 부모의 과도한 애정과 혜택은 그대로 찰스에게 커다란 상대적 박탈감을 주었다. 그리고 부모와 누나의 관계와 자신과 부모의 관계가 얼마나 다른지 매일 느끼면서 살아야 했다. 옆에서 누나의 성취를 보는 것만으로도 그에게는 고통이었을 것이다. 그것은 곧 찰스가 이룰 수 없는, 도달할 수 없는 성취를 일깨워 주는 것일 테니까. 찰스의 부모는 자신들의 행동이 그에게 어떤 영향을 줄지 짐작이나 했을까. 정말 조금이라도 생각해 본 적이 있을까. 부모란 때로 이리도 둔한 것일까.

깨물어서 안 아픈 손가락 없다?

부모들이 잘 쓰는 말이 있다.
깨물어서 안 아픈 손가락 있느냐고…….
당연하다. 어느 손가락이나 깨물면 아프다.
그런데 왜 더 예쁜 손가락이 있을까.

어릴 때 어머니에게 누구를 더 봐준다거나 누구에게 더 잘 해준다는 항의를 하면 늘 듣는 말이 있었다. "깨물어서 안 아픈 손가락이 있는 줄 아니?" 하는 말이었다. 사실이다. 뭔지 억울하면서도 어머니의 그럴듯한 말에 마지못해 수긍하곤 했다. 깨무는데 어떻게 안 아플 수 있을까? 하지만 점차 커 가면서는 속으로 '손가락은 깨물면 다 아프지요. 그렇지만 더 예쁜 손가락이 있잖아요' 하고 말했다.

단순히 못생겼다는 이유로 부모에게 거부당할 수 있을까? 남의 눈에는 못생겨 보여도 부모 눈에는 예뻐 보이는 것이 자식 아닌가?

고슴도치도 자기 자식은 예쁘다는 말은 어떻게 된 것일까? 그런데 반드시 그런 것은 아닌가 보다.

오랜 전 뉴질랜드의 작가 캐서린 맨스필드의 자전적인 영화를 본 적이 있다. 무슨 영화인지도 모르고 극장에 갔다가 우연히 본 영화였다. 그 때 처음으로 그녀의 존재를 알았다. 기억 나는 것은 그녀의 이름보다 여주인공의 촌스러운 외모, 볼품 없는 몸매, 그리고 엉뚱한 돌출 행동이었다. 영화를 보는 내내 그녀를 보면서 조금 우울했다.

캐서린의 여자 형제는 모두 늘씬하고 여성적이고 매력적인 반면, 그녀는 뚱뚱하고 못생기고 평범했다. 그래서 그녀는 가족 안에서 힘든 시간을 보내야 했다. 부모와 다른 형제들의 관계와 너무나 다른 자신과 부모의 관계에 고통받아야 했다. 여자 형제들이 순종적인 데 반해 그녀는 성질을 부려 부모의 주의를 끌려고 했다. 하지만 그녀의 그런 노력은 부모와의 관계를 오히려 악화시켰다. 그녀는 스스로를 미운 오리 새끼라고 여긴다.

결코 공평하지 않은 부모의 사랑

캐서린 맨스필드 외에도 세상에는 수많은 미운 오리 새끼가 있을 것이다. 수천, 수만, 수십만의 미운 오리 새끼들……. 부모들은 대부분 모든 자녀를 똑같이 사랑하고 공평하게 대한다고 생각한다. 그러나 많은 아이가 그렇지 않다는 것을 잘 안다. 부모는 의식하든 못하든 특정 자녀를 더 사랑하고, 그 자녀에게 더 많은 혜택을 주는 듯하다. 아주 어릴 때부터 아이들은 부모의 다른 대우, 애정, 관심을 아주 잘 감지한다.

성인들은 부모의 감정과 행동을 탐지하는 어린아이의 레이더가 얼마나 예민하고 성능이 좋은지 모른다. 실제로 아이들은 부모가 생각하는 것보다 더 많은 것을 알고 있다. 부모와 아이의 나이 차만큼 부모의 레이더가 낡은 것인지, 성능이 영 시원치 않다. 어쩌면 성능의 문제이기보다는 부모와 아이의 레이더가 서로 다른 곳을 보고 있기 때문인지도 모르겠다. 아이의 레이더는 오직 부모만을 향하고 있지만, 부모의 레이더는 봐야 할 곳이 너무 많을 테니 말이다. 그래서 서로 탐지하는 것이 다른 것 아닐까.

우리는 어릴 적 한두 번은 자신이 '바뀐 아이'거나 '주워 온 아이'라는 공상에 빠진다. 그리고 부모의 부당한 대우를 이해해 보려고 한다. 언젠가 자신의 진짜 부모가 나타나 자신을 이 비참한 상황에서 멋지게 구해 줄 날을 상상한다. 그러면 지금의 부모와 다른 형제에게 보란 듯이 근사한 진짜 부모를 따라갈 것이다. 그러니 참자. 그런데 그런 날은 오지 않는다.

어린아이에게 부모의 편애나 불공평한 대우처럼 큰 고통은 없다. 아이는 다른 형제에 대한 부모의 행동을 옆에서 보는 것만으로도 많은 메시지를 얻는다. 그런데 그 메시지가 자신에 대한 부모의 사랑과 관심이기보다 부모의 불공평과 편애라면, 아이는 이를 어떻게 받아들여야 할까? 이 때의 아이에게는 부모가 세상의 전부인

데 말이다. 이런 메시지를 무시할 수 있는 아이란 이 세상에 없다. 무시한다면 그것은 무시하는 척하는 것일 뿐이다.

아이는 부모와 형제의 관계에 어떻게 반응할까? 동생 출생 전후로 가정의 상호작용을 관찰한 결과, 큰아이는 어머니와 동생이 갖는 상호작용에 민감하게 반응하는 것으로 나타났다. 동생이 태어나면 어머니가 큰아이에게 쏟는 관심은 상대적으로 적어진다. 모든 아이의 공통적인 반응은 아기에게 주는 주목과 관심을 자신에게도 똑같이 해 달라는 요구와 항의다. 큰아이는 빈번히 어머니의 주의를 끌기 위해 아기의 행동을 그대로 모방한다. 이것이 심해지면 기저귀를 다시 차려고 한다거나, 다시 우윳병으로 먹으려 한다거나, 대소변을 가리던 아이가 못 가리게 되는 등 퇴행 행동이 나타나기도 한다.

어머니가 돌이 갓 지난 혜린의 흙 묻은 손을 보고 장난스럽게 말을 건넨다.

"아니 혜린아, 그게 뭐야? 엄마가 맞춰 볼까? 흙이구나! 아이고 더러워."

옆에서 이를 주의 깊게 바라보던 세 살짜리 오빠 경린은 화분으로 가서 손에 흙을 묻힌 뒤 어머니에게 달려와 더러운 손을 보여 준다.

경린의 어머니는 어떤 반응을 보일까? 경린은 원하는 것을 얻을 수 있을까?

동생의 좋지 않은 행동이 어머니의 시선을 끌면 많은 아이가 그것을 그대로 모방한다. 어머니의 주목을 끌 수만 있다면 무엇이든 하겠다는 처절한 의지라고나 할까. 큰아이는 어머니와 아기의 놀이에 끼어들려고 하거나, 상호작용을 방해하거나, 자신에게 주의를 돌리려고 시도한다. 그런데 많은 경우 좋지 않은 결말로 끝난다. 왜냐하면 아이는 번번이 어머니가 가장 싫어하는 행동을 선택하기 때문이다.

동생이 태어났을 때 큰아이의 반응은 아이의 기질에 따라 매우 다르다. 일상생활의 변화나 예기치 않은 사건을 잘 받아들이지 못하는 아이는 새로운 것에 익숙해지는 데 남보다 오랜 시간이 걸리고 무척 힘들어 한다. 따라서 모든 가족의 생활을 완전히 바꾸어 놓는 동생의 출현은 엄청난 변화다. 이 때 아이는 이런 커다란 변화에 격렬하게 저항하며 적응을 못할 수 있다. 그러면 어머니는 더욱 힘들어진다. 반대로 아이가 낙천적이고 새로운 사건과 변화를 잘 받아들인다면 새로운 환경에 빨리 적응할 수 있다. 이런 경우 아기의 출산과 함께 생활 방식을 새로 짜야 하는 어머니는 훨씬 수월해진다.

어머니와 다른 형제의 관계에 민감한 것은 큰아이만이 아니다. 14개월 정도의 어린아이도 어머니와 큰 형제의 상호작용에 대단히 높은 관심을 보인다. 특히 감정이 오가는 상호작용에 주목하는데, 어머니와 큰 형제의 즐거운 놀이나 다툼에 관심을 보인다. 물론 아이에 따라 그 반응의 형태나 정도가 다르기는 하지만, 어머니와 큰 형제의 정서적 교류에 무관심한 아이는 거의 없다.

어머니와 큰 형제의 다툼에 대한 어린아이의 반응은 재미있기까지 하다. 그 어린 나이에 뭘 안다고 편을 들려고 한다거나, 큰 형제가 원하는 것이 무엇인지 알고 큰 형제의 행동에 대해 평가를 하기까지 한다.

24개월인 지희는 어머니와 언니 영희의 다툼에 끼어든다. 언니가 퍼즐 조각 위에 그림을 그렸기 때문에 어머니로부터 꾸중을 듣고 있다.

"그 위에다 그림 그리면 안 돼. 너, 잘 알고 있잖아. 종이 위에만 그림을 그려야지. 퍼즐 위에는 그리면 안 돼."

영희는 수긍하지 않는다.

"왜?"

"왜냐하면 그건 종이가 아니니까."

옆에서 지켜보던 지희가 한마디 한다.

"나빠!"

그러자 어머니가 말한다.

"그래, 그건 나쁜 짓이야."

지희는 어머니의 이 말에 얼마나 의기양양했을까. 그리고 영희는 지희가 얼마나 얄미웠을까.

세 살 반인 경린은 과자를 먹고 있다. 어머니가 경린을 나무란다.

"너 엄마 과자를 먹었구나."

"아냐, 그거 내 거야."

경린이 대답하자 어머니는 아니라고 한다.

24개월인 혜린이 이 광경을 유심히 지켜보더니 블록을 잡아 경린에게 던진다. 블록이 경린의 이마를 맞추자 경린은 울음을 터뜨린다. 어머니는 놀라서 혜린을 바라본다. 평상시 혜린은 오빠에게 헌신적이고 오빠를 몹시 따랐기 때문이다.

"너 왜 그래?"

어머니의 물음에 혜린이 "나쁜 아이"라고 반응한다.

어린 혜린은 오빠와 어머니의 논쟁을 무시하지 않고 주의 깊게 관찰하며 상황을 이해한 것이다. 남의 과자를 먹은 경린의 행동이 옳지 않다고 판단하고 블록으로 오빠를 단죄(?)함으로써 오빠와 어머니의 상호작용에 반응한 것이다.

"엄마는 동생만 좋아해"

우리는 '엄마는 동생 편만 들어', '사람들은 동생만 봐', '내가 동생처럼 아기였으면' 하는 아이들의 불평을 흔히 듣는다. 특히 첫째 아이는 여태까지 자신에게 쏟아지던 모든 사람의 관심과 애정이 다른 형제에게 옮아가는 것을 목격해야만 한다. 무엇을 해도 아기와 경쟁이 되지 않는다. 부모의 관심과 애정을 돌리려는 모든 경쟁에서 지고 만다. 그런 참패는 지금까지 한 번도 해 보지 않은 쓰라린 경험이기에 어떻게 극복해야 할지도 모른다. 그리고 아무도 그의 참패를 이해해 주지도 동정해 주지도 않는다. 오히려 돌아오는 것은 부모의 야단과 매몰찬 말뿐이다.

가정 안에 있는 가족들은 서로의 행동에 대해 뭐라고 말할까? 부모와 아이는 뭐라고 말할까? 5~6세 아이들을 면담한 결과 3분의 2의 아이들이 어머니가 자신 혹은 형제를 더 좋아한다고 했다. 오직 3분의 1의 아이들만이 어머니가 자신과 형제를 비슷하게 대한다고 했다. 특히 첫째 아이는 어머니가 동생을 편애한다면서 동생의 행복한(?) 삶을 부러워했다.

청소년들을 면담한 연구도 비슷한 결과를 보인다. 11~17세의 형제를 둔 청소년과 부모에게 가정의 규율, 부모에 대한 친밀 정도, 가정 내에서의 의사 결정에 대한 자녀의 참여 정도 등을 물어 보았다. 그 결과 형제는 상당히 다르게 반응했는데, 특히 어머니와 친밀한 정도와 가정 내에서의 의사 결정에서의 발언권에서 달랐다. 부모로부터 자신과 형제가 받는 대우를 비교하도록 요구한 다른 연구들에서도 거의 절반 정도의 청소년들이 부모가 다르게 대우한다고 보고했다.

가정에서 벌어지는 이런 다른 대우는 단순히 아이들의 생각일까? 아이의 관점에서 본 자기 중심적 이야기일까, 아니면 실제로 부모가 아이들에게 다르게 행동하는 것일까? 부모 자신은 다른 대우에 대해 뭐라고 말할까? 자신의 행동을 인정할까? 어쩌면 부모의 다른 행동은 아이들의 차이에 반응하는 것이 아닐까? 아이의 다른 특성에 따라 부모가 다르게 반응하는 것이 아닐까?

미국과 영국에서 각각 시행된 연구에서 어머니들에게 자녀들과 갖는 관계가 다른지의 여부를 직접 물어 보았다. 두 연구에서 둘째 아이의 평균 연령은 각각 네 살과 여섯 살 반이었다. 그 결과 연구 대상의 3분의 1의 어머니들만이 자녀들에게 비슷한 정도의 애정이나 관심을 준다고 대답했다. 그렇다면 나머지 3분의 2의 어머니는 큰아이든 작은아이든 누군가를 더 좋아하거나 더 관심을 갖는다는 것 아닌가. 연구 대상의 어머니들은 어린아이에게 더 많은 애정과 관심을 보였다. 또한 약 12%의 어머니만이 두 아이를 비슷한 횟수로 벌을 주거나 야단을 친다고 했다. 그럼 나머지 어머니들은 누군가를 더 야단 치거나 벌을 준다는 말 아닌가. 그렇다면 아이들의 삶에서 불평등은 생활 그 자체란 말인가?

부모의 다른 대우는 아이의 보고와 부모의 보고에서 모두 드러났다. 그런데 자기 보고란 언제나 자신의 주관적 생각이 들어가게 마련이다. 정말 자녀에 대한 부모의 다른 대우는 객관적으로도 나타날까? 제일 좋은 방법은 가족과 관계없는 제3자의 관찰이다. 실제로 연구자들이 가정을 방문해 자연스러운 상황에서 부모-자녀의 상호작용을 관찰했다. 역시 같은 결과가 나왔다. 형제에 대해 부모는 다른 대우와 관심을 보였다.

부모는 불공평할 수밖에 없다?

우리는 반드시 완벽하고 성숙한 상태에서 부모가 되는 것은 아니다.
준비와 훈련을 받고 부모가 된 사람과 그렇지 않은 사람은 다르다.
우리가 어느 부모에게서 태어나느냐는 정녕 우리의 운이다.

부모가 다른 행동을 하는 데는 여러 요인이 영향을 준다. 그 중의 한 요인이 자녀의 연령이다. 5세 미만의 아이와 5~7세의 아이를 가진 어머니는 두 아이에게 다르게 행동한다. 집 혹은 실험실에서 관찰한 결과 모두 같은 결과가 나왔다. 두 아이에 대한 어머니의 관심에서 가장 차이가 났고, 아이에 대한 통제와 애정에서도 달랐다. 그러나 두 아이에 대한 어머니의 다른 행동은 그리 놀라운 것이 아니다. 왜냐하면 두 아이는 연령이 다르고 발달 단계가 다르기 때문이다.

누군가 그랬던가. 아무리 무딘 사람이라도 한 살짜리 아기와 세 살짜리 아이에게 똑같은 방식으로 이야기하지 않는다고. 어머니가 아닌 낯선 사람이라도 한 살과 세 살 아이를 똑같이 취급하지는 않는다. 심지어 아이도 어린 동생의 능력에 맞추어 자신의 말을 조절한다. 어머니가 하듯 짧은 문장을 사용하고, 말을 반복하고, 아기의 주의를 끌려고 한다.

31개월인 경업은 바닥에 떨어진 사탕을 먹으려고 하는 14개월의 경복을 막으려고 한다. 경업은 강아지가 먹는 거라면서 경복을 다른 곳으로 데리고 가려 한다.

"안 돼, 너 먹는 거 아냐. 뽀삐가 먹을 거야. 뽀삐가 먹을 거야. 아냐, 너 아냐. 뽀삐가 먹을 거야, 넌 아냐. 뽀삐. 우리 저쪽으로 가자. 그래 이리 와, 이리 와. 문으로 와, 문."

결국 경업은 발로 살며시 경복을 밀어 문을 통과하는 데 성공한다.

형제란 쌍생아를 제외하고 언제나 연령에서 차이가 난다. 그렇다면 부모가 형제에게 다르게 행동하는 것은 단순히 형제의 다른 연령, 다른 발달 단계에 반응한 것인가? 부분적으로는 그렇다. 부분적으로? 아이의 발달 단계는 부모의 다른 대우에 영향을 주는 한 요인일 뿐이다. 물론 중요한 요인이기는 하지만.

둘째 아이의 출생 전부터 출생 후까지 자녀에 대한 어머니의 행동 변화를 살펴본 종단 연구에 따르면, 생후 12개월의 아이에게 애정적이고 관심을 보이던 어머니는 그 아이가 3~4세가 되면 같은 정도의 애정과 관심을 보이지 않는다. 그런데 둘째 아이가 12개월일 무렵 어머니는 큰아이 때와 비슷한 정도의 애정과 관심을 보이더라는 것이다. 아이의 발달 단계는 아이에 대한 어머니의 행동에 많은 영향을 준다. 사실 생후 한 살짜리 아기와 세 살짜리 아이는 얼마나 다른가. 한 살짜리 아기는 이제 걸음마를 시작하고 할 수 있는 말이라고는 엄마나 맘마 정도인 데 반해, 세 살짜리 아이는 제법 말도 잘하고 자기 마음대로 하려고 얼마나 고집을 부리는지. 오죽하면 미운 세 살이란 말이 나왔을까. 분명 서너 살짜리 아이보다 한 살짜리 아기는 어머니의 많은 관심이 필요하다. 어머니 없이는 생존 자체가 불가능하다. 요구가 다른 두 아이를 다르게 대우하는 것은 당연한 일이다. 아이가 성장하듯 어머니가 아이의 발달 단계에 맞추어 변화하는 것은 당연하다. 아이가 자라는데 어머니가 여전히 아기 취급을 한다면 더 이상한 일이다.

부모의 다른 대우는 당연한 것일까

그런데 형제란 쌍생아를 제외하고는 평생 같은 발달 단계에 있지 않다. 형제란 으레 나이 차이가 난다. 그 중에서 주의와 관심이 더 요구되는 어린 연령의 아이에게 어머니의 관심과 애정이 더 가는 것은 어떻게 보면 자연스러운 현상이다. 그러나 어느 아이가 자신과 동생이 한 살일 때 같은 정도의 애정을 어머니로부터 받았다고 생각할 수 있을까. 그것은 불가능한 일이다. 도대체 어떤 사람이 한 살 때의 일을 기억할 수 있을까.

어린아이도 아기인 동생의 수준에 맞게 말하고 행동해야 한다는 것을 안다. 하지만 동생이 자신보다 능력이 모자라기 때문에 많이 돌봐 주어야 한다는 것을 아는 것과 상대적으로 느끼는 부모의 다른 대우는 별개인 것 같다. 세 살짜리 아이가 경험하고 보는 것은 한 살짜리 동생에게 보이는 어머니의 다른 애정과 상대적으로 자신에게 보이는 적은 관심과 애정뿐이다. 아이에게 보이는 것은 현재 자신의 앞에서 벌어지는 현실뿐이다. 그리고 중요한 것은 다른 형제에 대한 어머니의 다른 행동을 보는 것이 아이의 발달에 영향을 준다는 것이다.

그렇다면 부모의 다른 대우는 순전히 아이의 연령에 따른 적절한 행동일까? 다른 대우 혹은 편애란 애초에 없었단 말인가? 아이와 부모의 상호작용에는 많은 요인이 영향을 준다고 했다. 분명 발달 단계에 따른 아이의 다른 요구에 적절히 반응하는 것은 올바른 양육이다. 그러나 형제에 대한 부모의 다른 대우가 형제의 다른 발달 단계에서만 오는 것은 아니다.

아이는 연령만 다른 것이 아니라 다른 많은 특성에서 다르다.

한 어머니의 이야기를 들어 보자.

"큰딸은 기분이 굉장히 자주 변하는데, 그 애가 기분이 좋을 때면 우리도 그 애 때문에 많이 웃죠. 제가 마치 그 애와 같은 나이인 양 착각할 정도라니까요. 큰아들은 아주 조용하고 차분해서 그 애하고 이야기하는 것이 아주 즐겁죠. 그런데 막내는 조금 불안하고 초조해하는 편이라 다른 애들보다는 걱정이 돼요. 그 애 얼굴이 어두워 보이면 제 심장이 다 뛴다니까요. 그 애하고 있으면 저는 전혀 다른 사람이죠."

어떤 관계든 그 관계 안에 있는 사람들이 함께 만들어 가는 것이다. 부모의 특성과 아이의 특성에 따라 상호작용은 달라진다. 부모는 아이와 상호작용을 하면서 상황에 따라 아이에 따라 행동이 달라진다. 부모는 종종 아이마다 다른 특성을 즐기고, 그 다른 특성에 반응한다. 아이의 다른 발달 단계도 아이의 중요한 한 특성일 뿐이다. 부모도 마찬가지다. 예를 들면 10대에 부모가 되느냐, 20대 혹은 30대에 부모가 되느냐에 따라 양육 행동은 다르다. 관계가 상호적이라는 것은 관계 안에 있는 두 사람이 서로에게 영향을 주기 때문이다. 따라서 부모로서의 특성이 문제가 된다.

부모란 완벽한 존재가 아니다. 부모도 인간이기에 하루 24시간 늘 공평하고 똑같기는 힘들다. 아니, 거의 불가능하다. 많은 실수를 한다. 다만 인정하지 않거나, 모르거나 혹은 모르는 척할 뿐이다. 반드시 완벽하고 성숙한 상태에서 부모가 되는 것은 아니잖은가. 그런 점에서 준비와 훈련을 받고 부모가 된 사람과 그렇지 않은 사람은 다르다. 우리가 어느 부모에게서 태어나느냐는 정녕 우리의 운이다.

공평하고 공정하려고 애써도 잘 안 되는 것이 현실인데, 심지어 어떤 부모는 공평하려는 노력조차 별로 하지 않는다. 어떤 부모는 은연중에, 어떤 부모는 공공연하게 특정한 자식을 편애해 다른 아이에게 평생 고통과 상처를 준다. 한 여성은 어릴 때부터 어머니가 자녀 중 유독 자신만을 비난했다고 한다. 옷차림부터 외모, 학업 성취에 이르기까지 사사건건 자신을 비하시켰다고 한다. 그래서 어른이 되어 결혼하고 어머니로부터 최대한 멀어질 수 있는 곳으로 갔다고 한다. 지금도 어머니를 만나면 그 순간 어머니는 트집을 잡는다는 것이다. 성인이 된다고 모든 상처가 저절로 치유되는 것은 아니다.

소설가 헨리 제임스는 어머니가 가장 사랑하는 아들이었다. 형인 유명한 심리학자 윌리엄과 그가 함께 병에 걸린 적이 있다. 어머니는 윌리엄이 너무 불평이 많고 건강 염려증이라고 몰아세우며 헨리에 대해서만 심려하고 걱정했다. 그의 아버지 역시 죽기 전에 헨리가 가장 문제가 없고 자신들에게 가장 큰 즐거움이었다고 했다. 부모에게 즐거움이었다는데 누가 어쩌겠는가. 부모들은 자신의 행동이 아이들에게 어떤 영향을 주는지 종종 모르는 것 같다.

부모의 다른 대우, 아이의 다른 성장

부모는 아이의 자기 효능감과 자기 가치감의 발달에 중요한 영향을 준다.
자신에 대해 어떻게 느끼고, 세상에 어떻게 접근하고,
좌절과 문제에 어떻게 대처하는지는
어릴 때 아이 스스로 얼마나 사랑받고, 인정받고,
가치 있다고 느끼는지에 달려 있다.

부모와 다른 형제의 관계가 아이의 발달에 영향을 준다는 주장은 이전의 관점과 다르다. 왜냐하면 이제까지 아이의 발달에 영향을 주는 것은 주로 부모와의 직접적인 관계라고 보았기 때문이다. 그래서 대부분의 연구가 부모와 아이의 상호작용에 집중되어 있었다. 분명 아이의 발달에 부모와의 직접적인 상호작용은 커다란 영향을 준다. 누가 그것을 부인하랴.

형제에 대한 연구 결과를 살펴보면 부모와의 직접적인 관계뿐만 아니라 부모와 다른 형제의 관계 또한 아이의 발달에 영향을 준다는 것을 알 수 있다. 아버지와 어머니의 결혼 관계가 자녀에게 영향을 주는 것과 비슷하다. 아버지와 어머니의 관계는 당사자만이 아니라 자녀들에게도 민감하고 중요한 사안이다. 가족은 서로에게 직접적으로 간접적으로 영향을 준다. 의도하든 의도하지 않든, 원하든 원하지 않든. 어쩌면 그것이 함께 사는 가족의 운명인지도 모른다.

그렇다면 부모의 다른 대우는 아이의 발달에 어떤 영향을 줄까? 어머니의 다른 애정과 통제는 어린아이의 불안, 걱정, 우울과 관련이 있었다. 다른 형제에 비해 어머니가 통제를 더 하거나 혹은 애정을 덜 주는 아이는 상대적으로 더 불안해하거나 우울해했다. 또한 어머니가 형제에게 다른 행동을 하는 가정의 아이는 불복종하고, 다른 사람을 괴롭히고, 말다툼을 하고, 과잉 행동을 보였다. 이런 행동은 반사회적 행동과 관련이 있다. 실제로 청소년 형제를 대상으로 한 연구에서 부모의 다른 대우는 청소년의 적응과 비행에 관련이 있었다. 부모와 형제가 보기에 어머니와 가깝고, 가족 내 문제의 결정에 발언권이 있고, 부모의 높은 기대를 받는 아이는 다른 형제에 비해 심리적으로 더 잘 적응했다.

지금까지의 결과로 보면 아이의 적응과 부모의 다른 대우는 관련이 있는 듯하다. 물론 부모로부터 다른 대우를 받은 아이가 고통받고 좌절한다고 해서 모두 문제를 일으키는 것은 아니다. 고통과 상처가 모두 문제 행동으로 이어지는 것은 아니다. 다만 이런 아이들이 애정과 관심을 받은 아이보다 문제 행동을 일으킬 가능성이 높다는 것이다.

사실 어느 아이가 자신을 낳고 키우는 사람의 냉담함과 거부를 무시하고 아무렇지 않게 살아갈 수 있겠는가. 아이의 상처가 어떤 형태로, 어떤 결과로 나타나느냐는 아이마다 다르다. 부모가 거부하고 무시한 자녀라고 해서 모두 문제를 일으키는 것은 아니다. 왜 어떤 형제는 부모의 편애에 상처받고 적응에 어려움을 겪는데, 다른 형제는 잘 견디고 잘 성장할까? 부모의 사랑과 기대를 받는 아이와 그렇지 않은 아이의 발달에 차이가 나는 것은 이해가 된다. 그런데 부모의 사랑과 기대를 받지 못한 아이들의 반응에서도 개인차가 난다.

초기의 경험, 특히 어머니와의 관계가 중요하다

앞에서 부모의 다른 대우가 아이의 적응과 관련이 있다는 결과를 살펴보았다. 아이에 대한 부모의 다른 대우는 아이의 발달에 어떤 영향을 줄까? 부모는 아이의 사회적 · 정서적 발달에 영향을 준다. 특히 아이의 자기 효능감과 자기 가치감의 발달에는 초기의 경험, 특히 어머니와의 관계가 중요하다고 한다. 자신을 얼마나 가치 있는 존재로 느끼는가 하는 자기 가치감과 자신이 사회적으로 얼마나 능력이 있다고 느끼는가 하는 자기 효능감은 아이의 사회적 · 정서적 발달에 중요하다.

아기는 자기 자신이 가치 있고 소중한 존재라는 것을 언제, 그리고 어떻게 깨달을까? 자신의 가치를 깨닫는 것은 주변 사람과 세상이 자신을 어떻게 대하느냐에 달려 있을 것이다. 이것은 성인도 마찬가지지만 아기의 경우에는 특히 그러하다. 나이가 어릴수록 아이는 다른 사람에게 전적으로 의존하여 살아간다. 아이의 세계에서는 가정이 전부이고, 부모가 세상을 대표하는 사람이다. 그런 사람이 아이에게 '넌 이런 존재야' 하면서 메시지를 주는 것이다. 부모가 아이를 때리고, 구박하고, 아이에게 냉담하다면 아이는 어떤 메시지를 받을까.

양육자에게 전적으로 의존하며 살아가는 아기가 양육자에게 어떤 대우를 받는가는 무척 중요하다. 심리사회학적 접근으로 유명한 심리학자 에릭슨도 생후 첫 1년 동안 양육자와 신뢰감을 형성하는 것이 중요한 발달 과제라고 했다. 그는 인간 발달 8단계 중 우리의 삶에 있어 신뢰감을 형성하는 첫번째 단계와 정체감을 형성하는 단계가 특히 중요하다고 했다. 아기가 양육자와 신뢰감을 형성하는 것이 왜 중요할까? 아기는 자신이 사는 세상이 의지할 만하고 자신이 사랑받고 있다는 사실을 알 때 양육자, 아니 세상에 대한 신뢰감을 형성하기 때문이다.

아기가 어떻게 알까? 간단하다. 주변 환경으로부터 어떤 대우를 받느냐에 달려 있다. 배고프고, 아프고, 졸립고, 짜증날 때마다 양육자가 적절히 반응해 준다면 무엇을 느낄까? 나의 신호에 신속하고 적절하게 반응해 주는 세상, 정말 믿을 만하고 살 만하지 않은가. 배고픈 아기가 울다 지쳐 쓰러질 때쯤 우유를 주는 것과 신속하게 우유를 주는 것은 다르다. 지칠 대로 지친 상태에서 얻어

먹는 우유가 만족스러울까?

문제는 아기가 이런 불쾌한 경험을 매일 얼마나 많이 접하느냐일 것이다. 한두 번의 불쾌한 경험이 아이를 우울하게(?) 만들지는 않을 테니까. 에릭슨도 긍정적이고 유쾌한 경험과 부정적이고 불쾌한 경험 중 어느 경험을 더 많이 하느냐에 따라 아기가 양육자에 대해 신뢰감을 형성하느냐 못하느냐가 결정된다고 했다.

늘 긍정적인 경험만 하는 사람이 어디 있을까. 누구나 살면서 좋은 경험도 하고 나쁜 경험도 하게 된다. 어떤 경험을 더 많이 하느냐에 따라 결과가 다를 뿐이다. 어찌 보면 문제 가정이란 아이에게 긍정적인 경험보다 부정적인 경험을 더 많이 주기 때문에 문제인지도 모른다. 아기가 양육자인 부모와 얼마나 긍정적인 경험을 많이 하느냐에 따라 아기의 발달은 달라질 수 있다.

자신을 사랑하는 사람이 남도 사랑한다

자신을 가치 있는 존재로 여길 때 남도 가치 있는 존재로 여기고 대할 수 있다. 먼저 자신을 존중하고 사랑할 때 남을 사랑하는 것도 가능하다고 하지 않는가. 어떻게 자신을 싫어하고 비하하면서 남을 존중하고 잘 대해 줄 수 있을까. 세상으로 나아가는 출발점은 자신인데 말이다.

그런 점에서 자기 가치감과 자기 효능감은 자신만이 아니라 세상에 대한 사고와 행동에 큰 영향을 준다. 결국 아이가 자라면서 자신에 대해 어떻게 느끼는지, 가정 밖의 세상에 어떻게 접근하는 지, 피할 수 없는 좌절과 문제에 어떻게 대처하는지는 아이 자신 이 어릴 때 얼마나 사랑받고 인정받고 가치 있다고 느끼는지에 달려 있다.

함께 성장한 형제는 자기 효능감과 자기 가치감에서 서로 다르다. 이것 역시 형제 차이의 좋은 예라고 할 수 있다. 그렇다면 이런 차이는 어디서 오는 것일까? 부모의 다른 대우에서 오는 것일까, 아니면 형제의 성격 차이에서 오는 것일까? 문득 부모를 너무 일방적으로 몰아붙이는 것이 아닌가 하는 생각이 든다. 아이 자체의 특성이나 문제로 인해 부모가 다르게 행동하는 것은 아닐까? 애초에 부모가 다르게 행동하기보다 아이의 다른 행동에 부모가 반응한 것이 아닐까? 충분히 그럴 수도 있지 않은가.

이에 대해 심리학자들은 특별한 통계 방법을 사용해 그 가능성을 시험했다. 즉 연구 초기에 보이는 아이들의 성격 차이에서 오는 변량을 제거하고, 부모의 다른 대우와 아이의 자기 가치감과 자기 효능감의 관계를 보았다. 다시 말해 자기 가치감과 자기 효능감에서 형제의 성격 차이로 설명할 수 있는 부분을 제거한 다음, 부모의 다른 대우가 여전히 관련이 있는지를 보는 것이다. 그 결과 다른 형제에 비해 어머니의 애정을 더 받은 아이가 자기 효능감과 자기 가치감이 높았다. 어머니의 다른 대우는 아이 스스로 가치 있고 유능한 존재라고 느끼는 데 영향을 주는 것이다.

어린아이가 부모에게 거부당하고 외면당하면서도 '나는 괜찮아!'

할 수 있을까? 부모의 다른 대우, 심지어 부당하기까지 한 대우를 당하면서 아이는 자신이 왜 태어났으며 왜 살아야 하는지 의문과 비애를 느끼지 않을까? 밤마다 울면서 자신을 이 비참한 상황에서 벗어나게 해 달라고 기도하던 찰스 디킨스처럼 빌고 싶지 않을까?

자신을 낳고 기르는 부모의 말과 행동이 보내는 메시지는 아이가 처음으로 듣게 되는 세상의 메시지다. 아이마다 받는 메시지가 다르고, 또 그 메시지를 어떻게 받아들여 어떻게 성장하느냐는 아이마다 형제마다 다르다.

부모와 자녀도 궁합을 봐야 하나

자녀에게 문제가 생기는 건 누구의 잘못인가.
부모인가, 아이인가, 아니면 둘 다?
누구의 잘못도 아니고
단지 부모와 자녀의 궁합이 맞지 않아서라고 할 수 있다.
부모의 특성이나 요구와 자녀의 특성이 맞지 않을 때
관계는 삐걱거릴 수 있다.

부모가 선호하는 아이는 더 매력적인 외모나 성격 혹은 더 뛰어난 능력을 가진 것일까? 부모의 다른 대우가 꼭 편애를 의미하는 것은 아니지만, 부모의 다른 행동은 아이에게 언제나 애정의 저울대 같은 것이다. 부모가 자기 아닌 다른 형제를 선택했다고 느끼는 아이는 그것을 애정의 적신호로 받아들인다. 그것이 맞든 틀리든 말이다. 아이가 그 속에서 객관성을 갖기란 거의 불가능하다.

형이나 동생하고는 아주 잘 지내는 부모가 왜 자신과는 항상 삐걱거리는 것일까? 자신을 낳고 길러 주는 사람과 껄끄러운 관계에서 성장해야 한다면, 그리고 동시에 사랑받는 다른 형제를 보면서 자라야 한다면 그 사람의 세상은 무슨 색깔일까? 자신의 삶에서 처음 배운 것이 메리 울스턴크래프트(1792년 '여권 옹호론'을 발표한 영국의 여권신장론자)처럼 불평등이었다면 얼마나 서글플까. 또 영국의 여류 시인인 에디스 시트웰처럼 자신의 삶에서 오직 분노만이 현실이었다면 얼마나 서글픈 일일까. 메리나 에디스 모두 오빠에 대한 부모의 편애를 겪으며 성장해야 했다.

도대체 부모가 아이마다 갖는 다른 상호작용을 어떻게 설명할 것인가. 아이가 다르니까 다른 상호작용을 하는 것은 당연하다. 그렇다면 왜 어떤 아이를 더 선호하고 편애할까? 왜 어떤 아이와는 모든 일이 일사천리로 쉽게 지나가고, 어떤 아이와는 매사 삐걱거리며 시끄러울까? 부모가 잘못 행동한 것인가, 아니면 아이에게 문제가 있는 것인가.

아이가 잘못되는 것은 모두 부모 책임인가

한때 프로이트의 영향으로 아이에게 문제가 생기면 모든 비난이 부모에게 가해졌다. 양육을 책임지고 있는 부모가 아이를 잘못 키워서 아이에게 문제가 생겼다고 말이다. 그래서 부모는 아이가 잘못되면 죄책감에 시달려야 했다.

그런데 1970년대 들어 부모들을 죄책감으로부터 해방시킨 이론이 나왔다. 그것은 이름하여 '조화의 적합성(goodness of fit)'이다. 이 이론에 따르면 아이에게 문제가 생겼을 때 그것은 누구의 책임도 아니다. 부모가 잘못 키운 것도 아니고, 아이에게 문제가 있는 것도 아니다. 누구의 잘못도 아니기에 비난의 화살을 누구에게도 돌릴 필요가 없다.

그렇다면 무엇이 잘못된 것인가. 한마디로 부모와 자녀가 맞지 않았기 때문에 문제가 생기는 것이다. 우리식으로 표현하면 부모와 자녀의 궁합이 맞지 않는다고나 할까. 각기 따로 보면 전혀 문제가 없는 두 사람이 관계 안에서는 문제를 일으킬 수 있다. 왜 그럴까? 간단히 말하면 서로 맞지 않는 것이다. 부모의 특성이나 요구와 자녀의 특성이 맞지 않으면 어느 한쪽에 이상이 없더라도 그 관계는 삐걱거리고 문제가 생길 수 있다.

예를 들어, 깔끔하고 규칙적인 성격의 어머니는 아이에게도 비슷한 행동을 요구할 것이다. 그런데 아이는 기질적으로 산만하고, 약간의 자극에도 금방 흐트러지고, 과도하게 흥분하고 소란스럽다고 해 보자. 아이는 규칙적이고 깔끔한 것과는 거리가 멀고 또 변화에 저항하는 편이다. 그러면 어머니의 요구에 아이가 잘 따르지 못하고 당연히 어머니와 아이 사이에 갈등과 긴장이 생길 것이다. 처음에는 사소한 실랑이에서 시작하지만 점점 그것이 일상화하고 전반적인 다툼으로 변하면서 아이와 부모 관계는 악화될 수 있다. 그러나 불규칙한 리듬을 타고난 아이라도 어머니가 그것을 상관하지 않는다면 아이는 커다란 갈등을 겪지 않고 어머니와 잘 지낼 수 있다.

이것이 바로 조화의 적합성이라는 것이다. 아이가 처한 맥락의 특성이나 요구와 아이의 특성이나 능력이 얼마나 잘 조화하느냐, 얼마나 잘 맞느냐의 문제라고 할 수 있다. 맥락이란 부모도 될 수 있고 교사, 학교 혹은 사회도 될 수 있다.

앞의 불규칙한 리듬을 가진 아이가 아주 관용적인 혹은 방임적인 어머니 밑에서 자고 싶을 때 자고 먹고 싶을 때 먹으며 자유롭게 성장했다고 가정해 보자. 아이는 어머니와 아무런 문제 없이 잘 지낼 것이다. 아이는 세상의 규칙적인 리듬에 적응할 필요가 없다. 주변 세상이 아이의 리듬에 따라 주니 말이다.

그런데 이 아이가 자라 학교에 갈 나이가 되면 어떨까? 학교에는 시간에 따라 모든 스케줄이 정해지고 모든 이가 따라야 하는 규칙이 있다. 지금까지 제멋대로 자란 아이가 좁은 의자에 조용히 앉아 교사의 지시를 잘 따를 수 있을까? 지금까지 주변 환경이 아이의 요구를 따라 왔는데 말이다. 아이의 선택은 둘 중 하나다. 적응으로 가느냐, 부적응으로 가느냐. 실제 조화의 적합성 모델을 제시한 학자들이 백인 가정과 푸에르토리코 이민 가정을 연구한 결과는 이렇다.

백인 가정과 푸에르토리코 가정은 모든 면에서 달랐다. 백인 가정은 부모가 전문직을 가진 중산층이었으나, 푸에르토리코 가정은 노동자 계층으로 주거 지역도 달랐다. 백인 가정은 아이에게 규칙과 규율을 강조했지만, 푸에르토리코 가정은 아이에게 맞춰 주었다. 제멋대로 행동하고 변화를 싫어하는 아이가 어느 가정에 태어나느냐에 따라 결과는 달라졌다. 이런 아이가 백인 가정에 태어난 경우, 처음에는 문제를 보였지만 점차 적응했다. 그러나 푸에르토리코 가정에서 이런 아이는 전혀 문제가 없었다. 그러나 이 아이들이 성장해 학교에 갈 때가 되자 상황은 역전되었다. 백인 가정의 아이들은 학교의 규칙을 따르는 데 문제가 없었지만, 자유롭게 자란 푸에르토리코 가정의 아이들은 학교 생활에 적응하는 데 문제가 생겼다.

가장 웃기는 예는 바로 부모가 원하는 자녀의 성별과 아이의 성별이 맞느냐다. 한 아버지는 아들을 몹시 원했다. 그리고 둘째 아이가 아들이었다. 아버지는 스스로의 남성다움에 취해 아들에게 우선권을 주었고, 외출할 때에도 아들만 데리고 다녔다. 그의 어린 딸들은 그저 부러워하며 바라볼 뿐이었다. 그러나 어찌하랴. 어떻게 성별을 바꾸랴. 그저 불합리하고 부당한 대우를 감수하는 수밖에.

그렇다고 그의 아들에게 특별한 능력이 있는 것도 아니었다. 그 아이는 그저 남자인 것만으로 충분했다. 물론 그 아버지는 어린 아들에게 남자다움을 보이도록 계속 요구했다. 도대체 다섯 살 된 남자 아이가 남자다움을 증명할 방법이 무엇이란 말인지. 이 아이의 경우 앞으로가 더 문제다. 앞으로 아이가 남성다움에 대한 아버지의 기대에 얼마나 잘 따라 줄 수 있느냐가 문제다. 따라 줄 수 있다면 둘의 관계는 별 문제가 없겠지만, 만약 따라 주지 못한다면 아버지의 반응은 어떠할까.

연령도 아이의 한 특성이다. 연령마다 다른 발달 단계의 요구가 있다. 아이의 요구와 능력에 부모의 양육 방식이 적절하게 잘 맞느냐는 문제는 매우 중요하다. 미국의 10대 모의 경우를 보면 이 문제가 잘 드러난다. 10대 모 자신이 아직 덜 발달한 상태이고 또 경험이 없다 보니 성숙한 혹은 경험 많은 어머니보다 아이 양육에 서투르고 무지하다. 그러다 보니 아동 학대의 위험이 있다고 한다.

종종 주변의 도움 없이 혼자 아기를 키워야 하는 10대 모는 아기의 발달을 잘 몰라 아기의 연령에 적합하지 않은 요구와 기대를 한다. 지나치게 높은 기대에 아기가 따라오지 못하면 10대 모는 그 원인도 모른 채 아기만 비난할 것이다. 이것이 반복되면서 문제가 개선되지 않으면 10대 모는 아기를 학대하는 지경에까지 이른다. 이런 경우는 아기의 요구와 부모의 요구가 맞지 않아서 관계가 삐걱거리게 된 것이다. 모든 10대 모가 이처럼 아기와 맞지 않는 것은 아니다. 10대 모 중에서도 주변의 도움을 받든지, 아니면 스스로 아기와 잘 맞춰 조화로운 상호작용을 하는 경우도 있다. 10대 모 중에서도 개인차가 있기 때문이다.

조화의 적합성을 이야기하는 까닭은 바로 이런 데서 형제 차이가 날 수 있기 때문이다. 큰아이는 부모의 정돈된 생활과 규칙적인 리듬을 따르는 데 힘들고 어려운 반면, 작은아이는 부모의 요구에 쉽게 따르고 잘 적응한다면 그 결과는 어떨까? 당연히 큰아이는 크고 작은 충돌로 부모와 힘든 관계를 가질 것이고, 작은아이는 무리 없이 부모와 잘 지내며 생활할 수 있을 것이다. 이런 경우 두 아이의 일상생활은 많이 다를 것이다.

이런 점에서 형제의 기질 혹은 성격 차이는 부모와의 관계에 영향을 줄 수 있다. 기질이란 주제는 최근 들어 심리학의 핫 이슈가 되고 있다. 기질은 자신의 행동 스타일이라고 할 수 있다. 혹은 아이의 각성이나 감정의 시간, 강도, 규칙성에서의 개인차라고도 할 수 있다. 즉 아이에 따라 각성 상태나 감정 표현이 빠르거나, 강하거나, 혹은 불규칙할 수 있다는 것이다. 이런 반응 혹은 행동 형태에서 아이마다 차이가 나는 것이다.

기질이란 어느 정도 타고나는 것으로 성격의 기본이 된다. 이런 기질 혹은 성격의 차이로 같은 자극에도 아이는 다른 반응을 보인다. 어떤 아이는 새로운 장난감, 학교, 사람 등에 쉽게 접근하고 적응하지만, 어떤 아이는 위축되고 피하려고 한다. 예를 들면 어떤 아이에게는 낯선 곳으로의 이사가 커다란 스트레스인 반면, 다른 아이에게는 새롭고 신나는 모험일 수 있다. 또 어떤 아이에게는 부모의 기대가 부담이지만, 다른 아이에게는 자극이 될 수 있다.

때때로 부모 자신도 똑같은(?) 기대에 다른 반응을 보이는 자녀 때문에 당혹스럽다. 그런 생각이 들지 않겠는가. 한 아이는 전혀 문제가 없는데 왜 다른 아이는 저리 헤매고 힘들어 할까. 재미있는 것은 부모들은 종종 아이들에게서 나타나는 결과의 차이는 잘 알지만, 그 원인은 알지 못한다는 것이다.

아이의 기질은 아이의 행동에 많은 영향을 주지만, 결정적인 변인은 아니다. 기질이란 아이의 행동에 영향을 주는 많은 요인 중 하나일 뿐이다.

부모 자식 사이에 종종 갈등이 생기는 까닭은

다행히 부모와 아이가 맞지 않는 경우라도 힘든 타협과 적응의 시기를 거쳐 서로에게 맞추어 나간다. 어떤 아이는 그 과정이 쉽게 빨리 오고, 어떤 아이는 힘들고 오래 걸리기도 한다. 그리고 어떤 경우에는 영원히 오지 않고 내내 삐걱거리기도 한다. 죽을 때까지. 종종 성인들이 부모와 지내는 것이 불편하고 껄끄럽다는 이야기를 한다. 지금은 따로 살기에 충돌이 덜할 뿐이지 만나기만 하면 이상하게 다투게 된다고 말이다. 모든 부모와 자녀 관계가 다 그렇게 해피엔드는 아닌가 보다.

그런 점에서 자신과 잘 맞는 부모를 만난다는 것은 정녕 행운인지도 모른다. 그리고 그런 운에서마저 형제는 다를지도 모른다. 아이가 부모를 선택할 수 있는 것은 아니잖은가. 그건 부모도 마찬가지다. 자신에게 맞는 자녀를 선택할 수 없다. 그래서 자신에게 맞도록 자녀를 양육하려고 하다 보니 부모-자녀 관계가 종종 갈등과 긴장에 빠지는 것인지도 모른다.

대부분의 부모는 자녀와 타협하며 서로의 요구를 조절하기보다 자녀가 일방적으로 부모의 요구와 기대에 따라야 한다고 생각한다. 물론 부모는 아이의 중요한 안내자이지만 어디까지 안내를 해야 하는 것인지. 부모의 방식만 일방적으로 고집할 때 그 방식에 맞지 않는 자녀는 어떻게 해야 하는지. 아마 어떤 부모들은 자신의 방식에 맞지 않는 자녀라는 의미조차 이해하지 못할 것이다. 자녀는 부모가 하라는 대로 따라야 한다고 여기면서.

이렇듯 한 가정 내에서도 형제는 부모와 다른 상호작용을 갖는다. 그리고 형제의 이런 경험은 공유하지 않는 각각의 경험이다. 형제와 부모의 직접적인 상호작용 이외에 또 다른 상호작용이 있다. 그것은 부모와 형제의 다른 상호작용, 그리고 형제의 상호작용이다. 이런 모든 상호작용에서 형제는 공유한 경험보다 공유하지 않은 경험을 더 많이 하고, 이런 경험이 형제의 차이를 가져오는 것이다.

이제부터는 무슨 운명인지 자신과 한 가정에서 태어난 다른 아이, 형제의 이야기를 해 보자. 도대체 그들은 누구란 말인가. 그리고 우리의 삶에서 무엇을 하고 있는 것인가. 그리고 우리는 그들의 삶에서 무엇을 하고 있는 것인가. 종종 한편인 듯하다가 때로는 낯선 사람보다 더 무서운 적이 되기도 하는, 친한 듯 낯선 듯한 존재. 어릴 때는 사탕과 부모의 사랑을 위해 싸웠고, 커서는 부모의 재산과 인정을 두고 싸우는 존재. 물론 평생을 서로에게 충성하고 헌신하는 형제도 있다. 그런 형제는 어찌 그리 복이 많은가. 그런 형제의 우애 역시 타고난 것인가, 아니면 길러진 것인가.

2

형제는 형제를 다르게 만드나

형제란 무엇인가

형제는 비교적 동등한 힘을 가진 평등한 관계다.
형제는 놀이 친구이고, 협력자이고, 지지자다.
동시에 부모의 사랑과 관심, 그리고 가정의 한정된 자원을 공유하는,
그래서 종종 경쟁해야 하는 상대다.

한 여성은 오빠와 얽힌 오래 전 사건을 지금도 생생히 기억하고 있다. 그녀는 어린 시절 아버지의 총애를 등에 업고 오빠에게 제멋대로 굴었다고 한다. 그녀가 무슨 짓을 해도 오빠는 반격이 불가능했다. 왜냐하면 그런 행동이 허락되지 않았기에. 그녀는 정말 오빠에게 오만 심술을 다 부렸다. 물건을 던지는 것은 보통이고, 포크로 찌르고, 뜨거운 음식을 쏟고……. 오빠는 그녀의 행동이 아주 심할 때만 그녀의 팔을 잡아 중지시키려고 했다. 그러던 어느 날, 그녀의 부모님이 외출하고 오빠와 단둘이 있게 되었다. 그 날 오빠는 그녀의 얼굴에 주먹을 날렸다. 지금도 그녀의 눈 아래 그

영광의(?) 상처가 남아 있단다. 그리고 상황 종료. 그 후로 그녀는 오빠에게 덤비지 않았다.

형제와 함께 성장한다는 것이 의미하는 것은 뭘까? 그것은 부모의 관심을 빼앗아 가고, 자신과 적절히 놀아 줄 줄 모르고, 모든 놀이를 망쳐 놓기 일쑤고, 잘못되면 어머니에게 달려가 울며 고자질하고, 언제나 부모의 불공평한 지지를 받는 다른 아이와 함께 사는 것을 의미한다. 물론 이것은 첫째 아이의 관점에서 본 형제의 이야기다. 그럼 동생은 뭐라고 할까? 단순히 먼저 태어났다는 이유로 모든 것을 먼저 소유하고, 뭐든 제일 처음에 하고, 자기가 잘난 줄 알고 우쭐대고 무시하며 야단 치다 놀리기까지 하는 다른 아이와 함께 사는 것인지도 모른다. 이런 형제와 함께 성장한다는 것이 우리의 발달에 어떤 영향을 줄까?

친구이자 경쟁 상대인 형제

형제 관계란 출생과 함께 시작되어 한 형제가 죽을 때까지 지속되는 독특한 관계다. 형제란 유전, 문화, 그리고 가정에서의 초기 경험을 공유하는 존재다. 또한 형제란 비교적 동등한 힘을 가진 평등 관계다.

형제란 획득한 것이 아니라 타고난 존재로, 어떤 관계를 갖느냐는 개인마다 다르다. 어떤 형제는 평생 친밀한 친구처럼 서로를 의지하고 돕고, 어떤 형제는 한쪽이 다른 쪽을 평생 돌보며 살아야 하고, 어떤 형제는 사사건건 경쟁하며 서로를 공격하고, 어떤 형제는 뭐가 뭐 보듯 소원하게 지낸다.

부모-자녀 관계가 수직적 관계라면 형제 관계는 비교적 수평적 관계라고 할 수 있다. 그러므로 부모-자녀 관계와 형제 관계에서 아이가 체험하는 것은 다르다. 권위와 힘을 가진 부모는 일방적으로 자녀를 돌보고 사랑을 주며 요구도 많지만, 형제는 놀이 친구이고 협력자이고 지지자다.

동시에 형제는 부모의 사랑과 관심, 그리고 가정의 한정된 자원을 공유하는, 그래서 종종 경쟁해야 하는 상대다(가정의 한정된 자원이란 경우마다 다른데, 재산이 될 수도 있고 권리나 지위가 될 수도 있다). 형제란 이런 양면성을 가지고 있다. 그리고 형제 관계에서 각 형제가 경험하는 것은 다르다.

어린 시절 주요한 놀이 친구인 형제는 부모와는 또 다른 방식으로 사회화를 돕는 중요한 존재다. 어린 시절의 놀이는 아이의 발달에 중요한 역할을 한다. 아이의 대부분의 사회적 교류는 놀이 상황에서 일어난다. 놀이를 통해 아이들은 위험하지 않게 허용되는 범위에서 다양한 역할과 규칙을 모방하고 시험할 수 있다. 엄마아빠 놀이, 의사 놀이, 전쟁 놀이 등을 통해 아이는 중요한 사회적 규칙을 배운다. 생각해 보라. 어린 시절 상상 놀이에서 얼마나 많은 역할을 흉내내며 그 사람인 척했는지.

놀이는 아이의 인지적·사회적 발달을 촉진시킬 뿐만 아니라 아이의 불안과 내적 갈등을 극복하고 해결하는 것을 도와 준다. 화가 극도로 난 아이가 공룡 놀이를 하면서 만나는 공룡마다 처참하게 죽여 가며 분노를 표출하는 것처럼. 그런 이유로 병리적 문제를 보이는 아이를 치료할 때 놀이라는 수단을 통해 아이가 안전하게 문제를 표출하도록 도와 준다. 어린 시절 풍부한 상상 놀이는 성인기의 창조적 상상력, 표현력과 연결된다고 한다. 브론테 자매가 바로 그런 형제였다.

브론테 자매의 아버지가 목사로 가게 된 요크셔 지방의 하워스는 《폭풍의 언덕》에 나오는 것처럼 황량한 곳이었다. 어머니가 돌아가신 후 아버지의 무관심 속에서 딱히 할 만한 일이 없던 브론테 자매들은 황량한 하워스의 들판을 헤매고 돌아다니는 것을 좋아했다. 집에 있을 때는 자기들만의 상상의 세계에서 살며 무료함과 외로움을 달랬다. 그들은 아프리카에 가상의 나라를 세우고, 날마다 그에 대한 모험담을 산문과 시로 지어 발표하는 놀이를 하곤 했다.

결국 브론테 자매의 놀이는 나중에 놀라운 문학적 걸작으로 이어졌다. 재미있는 점은 그들 중 세계 문학사에 길이 남을 아름다운 사랑 이야기인 《폭풍의 언덕》을 쓴 에밀리 브론테는 차분하고 내성적인 성격이었다고 한다. 그런 성격의 에밀리가 그처럼 격정적이고 비극적인 사랑 이야기를 어떻게 쓸 수 있었는가 하는 것이 문학계의 미스터리 중 하나라나. 그것이 그녀의 개인적 경험에서 나온 것인지, 아니면 순수한 상상에서 나온 것인지. 정녕 상상만으로 나온 것이라면 대단하지 않은가.

형제란 싸우면서 자라는 관계?

불행히도 많은 형제는 공상의 세계에서 모든 것을 나누며 서로에게 힘이 된 브론테 자매 같지 않다. 아마도 부모들이 가장 빈번하게 호소하는 양육 문제 중의 하나가 형제의 갈등과 싸움일 것이다. 세상에 싸우지 않는 형제가 어디 있으랴. 형제란 흔히 하는 말처럼 싸우면서 자라는 것인지도 모른다. 다만 정도 문제일 것이다. 종종 형제의 갈등과 다툼은 격렬하게 매일같이 반복되어 가족 전체의 생활을 엉망으로 만들기도 한다. 아이들은 조그만 일도 그냥 넘어가지 못하고, 충돌하고, 원수처럼 적대시하며, 서로를 잔혹하게 공격하기도 한다.

부모는 이런 형제의 갈등에 적절히 개입하지 못할 때 무력, 좌절, 분노의 감정을 느낀다. 어떤 아버지는 집에 들어가는 것이 두려울 정도라고 한다. 고된 하루를 보내고 집에 들어가면 세 딸이 서로 소리를 지르며 싸우고, 아내는 그 딸들한테 소리를 지른단다. 네 명의 여자가 모두 자신에게 달려와 누가 무슨 잘못을 했는지 불평을 터뜨리지만, 그는 누가 무엇을 왜 그랬는지 전혀 알고 싶지 않다고 한다. 그저 그 다툼이 끝나기만을 바랄 뿐이란다. 이런 반응을 보이는 아버지에게 잘못이 있는가. 헨젤과 그레텔 남매는 정녕 동화에만 존재하는 특별한 형제란 말인가. 이 남매가 서로에게 보이는 행동은 관심을 넘어서 헌신의 수준이라 할 수 있다. 이런 특별한 관계까지는 아니더라도 조금만 우호적이고 친밀할 수는 없는 것일까.

　형제 관계는 모두 제각각이다. 특별한 형제애를 보인 브론테 자매도 있지만, 다른 형제를 비열하게 비난하기 위해 《비정치적 인간의 성찰》을 저술한 토마스 만도 있다. 최소한 토마스 만의 형제는 그에게 영감 내지 이유를 제공해 주지 않았는가. 어떤 형제는 끊임없이 싸우고 다투면서도 서로에게 친절하며 애정을 갖는다. 사실 형제의 갈등 정도만으로는 서로에 대한 애정, 협조, 지지를 예측할 수 없다. 형제의 갈등이 높다고 반드시 애정, 협조, 지지가 낮은 것은 아니다. 그런 점에서 보면 형제 관계의 질을 어떤 하나의 단일 차원으로 규정하려는 것은 어리석은 시도인지도 모른다. 많이 싸우는 형제건 많이 친밀한 형제건 우호적 행동과 공격적 행동을 모두 보인다.

동생을 도로 돌려보내면 안 돼요?

동생의 출생으로 첫째 아이의 일상생활은 엄청난 변화를 겪는다.
이제 다시는 옛날의 생활로 돌아갈 수 없다.
평화롭고, 조용하고, 거의 완벽해 보이던 그 생활로 말이다.
이 사실을 첫째 아이가 받아들이는 데는 시간이 걸릴 수밖에.

형제는 서로에게 어떻게 반응할까? 우선 위 형제는 동생에게 어떻게 반응할까? 첫째 아이의 경우 동생이 생기면서 비로소 형제 관계가 시작된다. 첫째 아이에게 형제란 그 전에는 경험해 보지 못한 존재이기에. 동생의 출현에 대한 첫째 아이의 반응은 제각각 다르다. 처음부터 아기와 사랑에 빠지는 아이가 있는가 하면, 적대적이며 거부하는 아이도 있다. 대부분의 아이들은 양면적인 감정을 보인다. 아기를 귀여워하다가도 귀찮아하고, 아기의 우윳병 젖꼭지를 뽑아 내던지며 심술을 부리기도 하고, 아기를 돌려보내자고 조르기도 한다. 그러다가 다른 사람이 아기를 데려간다고 위협하면 아기를 보호하려고 한다.

둘째 아이의 출생은 가족 전체에게 커다란 영향을 주는 대사건이다. 가족 구성원 모두 새로운 생활의 변화에 적응해야만 한다. 아기의 출생은 부모에게도 좋은 의미든 나쁜 의미든 커다란 스트레스인데, 이제 두세 살의 아이에게는 어떨까. 첫째 아이에게는 커다란 충격이 아닐 수 없다. 전에 존재하지 않던 형제 관계가 시작되기 때문이다. 사람들의 주의와 관심을 포함해 모든 것을 더 이상 혼자만 소유할 수 없다. 이제는 모든 것을 누군가와 나누어야 한다. 모든 것을 강탈(?)당해야 한다. 심지어 어머니까지. 바로 동생이라는 형제한테 말이다.

형제 관계의 시작, 그리고 갈등

동생의 출생으로 인해 첫째 아이의 일상생활은 엄청난 변화를 겪는다. 이제 다시는 옛날의 생활로 돌아갈 수 없다. 평화롭고, 조용하고, 거의 완벽해 보이던 그 생활로 말이다. 이 사실을 첫째 아이가 받아들이는 데는 시간이 걸릴 수밖에. 실제로 동생의 출생 전후로 첫째 아이와 어머니의 행동을 관찰해 보면, 동생 출생 후 첫째 아이와 어머니 사이에 언어적이든 비언어적이든 충돌이 증가한다고 한다.

그에 반해 아이와 어머니가 함께 놀이를 하거나 어떤 대상에 관심을 갖는 일은 급격히 줄어든다. 어머니가 아이를 돕거나, 아이의 흥미에 대구해 준다거나, 아이를 안아 주는 횟수 등이 급격히 감소한다. 한마디로 아이와 어머니 사이에 긍정적이고 유쾌한 경험은 감소하고, 부정적이고 불쾌한 경험은 증가하는 것이다. 이런 변화에서 아이는 무엇을 느낄까? 많은 어머니가 첫째 아이의 일상생활의 변화는 아이의 문제 행동을 이끈다고 본다.

동생이 출생하면서 나타나는 가장 공통적인 변화는 첫째 아이의 나쁜 행동과 요구의 증가다. 그 다음으로 많이 나타나는 행동이 툭하면 울고 매달리는 것이다. 어떤 아이들은 위축되기도 한다. 수면이나 배설 행위에 변화가 오기도 하고, 퇴행 행동이 나타나기도 한다. 그런데 위축되고, 불안해하고, 초조한 반응을 보이는 아이보다는 좌절과 분노를 표출하는 아이가 형제와 더 잘 지낸다고 한다.

이 무렵 첫째 아이가 아기를 직접 공격하는 일은 드물다. 아기를 찌르거나, 꼬집거나, 요람을 흔들거나 하는 일은 많이 일어나지 않는다. 사실 첫째 아이의 문제 행동을 겪어야 하는 사람은 아기가 아니라 오히려 어머니다. 아기의 출생으로 생활을 새로이 짜야 하는 어머니는 큰아이의 문제 행동에 그저 망연자실할 수밖에 없다.

그러나 첫째 아이가 문제 행동을 보인다고 해서 동생에게 적대적인 것은 아니다. 문제를 많이 보이면서 동시에 동생에게 애정과 관심을 가지는 아이도 많다. 또 문제 행동을 보이면서 오히려 독립적이고 성숙한 행동이 증가하기도 한다. 혼자 밥을 먹겠다고 하고, 스스로 옷을 입으려고 하고, 혼자 화장실에 가겠다고 한다. 그러므로 동생 출생 후의 일부 행동만을 보고 첫째 아이의 상태를 파악하기는 어렵다. 첫째 아이가 보이는 행동은 어떤 일정한 관계나 형태를 보여 주지 않는다.

그렇다면 첫째 아이의 이런 문제 행동은 얼마나 갈까? 한 종단 연구에 따르면 동생의 출생 후 몇 달 사이에 첫째 아이의 문제 행동은 대체로 사라진다고 한다. 부모나 아이들 모두에게 얼마나 다행인가. 첫째 아이가 변화를 수용하는 데 시간은 걸리지만, 그리고 힘든 시간을 보내지만 결국 적응하게 되는 것이다. 어쩌랴. 결국 동생이란 왔던 곳으로 돌려보낼 수 없는, 그래서 자신의 삶에 영구히 들어온 존재라는 사실을 받아들일 수밖에.

동생의 출생에 특히 문제를 보이는 첫째 아이가 있을까? 첫째 아이의 성별이나 연령에 따라 동생의 출생에 더 민감하거나 혹은 더 부정적인 반응을 보일까? 재미있는 것은 다섯 살 미만의 아이가 그 이상의 아이보다 문제 행동을 더 많이 보인다는 것이다. 그런데 왜 다섯 살이 기점이 될까? 그리고 다섯 살 미만의 아이들에서는 연령 차이가 없을까? 이에 대해서는 아직 신뢰할 만한 연구 결과가 없다. 오히려 아이의 기질에 따라 동생 출생에 대한 반응이 다르게 나타난다. 초조해하고, 불안정하고, 변화나 좌절에 감정적인 반응을 보이는 아이들이 많은 문제 행동을 보이는 편이다.

또 다른 중요한 요인은 첫째 아이가 동생 출생 전에 부모와 갖는 관계다. 동생 출생 전에 어머니와 갈등이 높은 첫째 아이는 아기에게 짜증을 내고 간섭한다. 그런 반면 동생 출생 전에 아버지와 친밀한 관계를 가진 아이는 그렇지 않은 아이보다 동생 출생 후 어머니와의 갈등이 그리 두드러지지 않는다. 왜 그럴까? 아마도 아버지와 친밀한 관계를 가진 첫째 아이는 아버지라는 마지막 보루가 있기에 어머니와 아기의 상호작용에 영향을 덜 받는지도 모른다. 믿는 곳이 있으니까. 마음이 아프더라도 위로받을 곳이 있고, 돌아갈 곳이 있으니 말이다.

혹은 첫째 아이와 친밀한 관계를 가진 아버지가 아내를 양으로 음으로 도울 수 있기 때문에 어머니가 첫째 아이에게 더 주의를 기울일 수도 있을 것이다. 아버지가 돌봐 주기 때문에 첫째 아이가 동생의 출생에 따른 변화에 더 잘 적응하는지도 모른다. 분명한 것은 가정에 큰 변화가 생겼을 때 배우자의 지지는 어머니의 양육 행동에 큰 영향을 준다는 것이다. 아이는 함께 낳고 기르기는 혼자 해야 한다면 얼마나 힘들겠는가. 게다가 첫째 아이가 안 하던 짓까지 해 가면서 자신을 더 힘들게 한다면 말이다.

그러다 보니 동생에 대한 첫째 아이의 반응과 관련된 것이 동생 출생 후 어머니의 우울 상태나 피곤감이다. 어머니가 아주 피곤해하거나 우울해하는 경우 첫째 아이는 위축된다고 한다. 이 관계는 그리 놀라울 것이 없는데, 다만 그 인과 관계가 불분명하다. 첫째 아이의 위축된 행동이 어머니의 우울을 증가시키는 것인지, 반대로 어머니의 우울이 첫째 아이를 위축시키는 것인지 말이다.

새로운 아기의 출생은 가족 모두에게 커다란 사건이다. 가족 모두 새로운 변화에 적응해야 한다. 그리고 그 변화에는 새로운 형제 관계에 적응해야 하는 아이가 있다. 첫째 아이가 새로 생긴 동생에게 보이는 반응에는 여러 요인이 영향을 준다. 그러나 이런 첫째 아이의 반응이 나중의 형제 관계에 어떤 영향을 주는지는 아직까지 알 수 없다. 아기 출생 후 첫째 아이가 보이는 다양하면서도 양면적인 반응이 어떤 일정한 형태를 보이지 않아 단정하기 어렵기 때문이다. 이 때부터 형제 관계는 복잡하고, 모호하고, 그러면서 양면적인 특성을 드러내는지도 모른다.

형제, 너는 나에게 나는 너에게

타고난 기질은 형제의 상호작용에도 영향을 준다.
형제의 기질은 형제간의 갈등 수준과 관련이 있다.
활동적이고, 강렬하고, 잘 적응하지 못하는 기질을 가진 형제는
그렇지 않은 형제보다 쉽게 갈등 관계에 놓인다.

생후 첫 1년 동안 첫째 아이와 아기의 놀이는 증가하고, 그 1년 말쯤이면 첫째 아이들은 대부분 동생에게 애착심을 갖는다. 서로에게 주의하고, 말도 하고, 서로를 모방하기도 한다. 아기가 태어났을 때 위 형제는 부모의 주의를 끌기 위해 아기의 행동을 모방하기도 하지만, 점차 위 형제가 모델로 작용하면서 아기가 위 형제의 행동을 더 모방하게 된다. 특히 위 형제가 강력하고 동생을 돌봐 주는 경우, 동생의 모방이 더 많아진다.

아이든 성인이든 자신보다 못한 사람보다는 뛰어난 사람을 모방하게 되어 있다. 이런 상호작용을 통해 형제는 놀이 방법과 놀이

대상을 다루는 기술에 직접적으로 영향을 준다. 어떻게 보면 동생은 위 형제가 어렵게 터득한 노하우를 빠르게 흡수하는 것이다. 그리고 위 형제가 닦아 놓은 길을 더욱 쉽게 달리는지도 모른다. 종종 모든 노하우를 어렵게 터득해 온 위 형제는 동생이 너무 쉽게 모든 것을 익히는 것에 억울해하기도 한다. 하지만 동생도 위 형제보다 쉽게 익힐지는 몰라도 거저는 아닐 것이다.

형제의 상호작용 1위는 역시 '싸움'

형제의 상호작용에서 가장 많은 것이 싸움이고, 그 다음이 놀이와 모방이다. 동생이 와서 놀이를 방해하는 경우 그것을 그대로 넘기는 위 형제는 거의 없다. 동생이 무엇인가 위험한 짓을 하거나 나쁜 짓을 할 때 역시 그것을 모른 척하는 위 형제는 별로 없다. 아기가 울고불고 난리일 때 위 형제는 대부분 반응을 보이는데, 그 반응은 천양지차다. 어떤 아이는 아기의 알 수 없는 고통에 스스로 못 견뎌 하며 많은 스트레스를 받고, 어떤 아이는 장난감이나 먹을 것을 주어 적극적으로 달래려고 시도한다.

아기에게 문제가 있을 때 위 형제가 어떻게 반응하느냐는 형제에 대한 애정을 반영하기보다는 위 형제의 기질에 많이 달려 있다. 기질이란 앞에서 설명했듯이 개인마다 가지고 있는 행동 스타일이라고 할 수 있다. 어떤 아이는 예민해서 작은 자극에도 빠르고 강렬하게 반응한다. 반면 어떤 아이는 웬만한 자극이 와도 반응이 없고 그저 모든 것이 느리다. 아무리 부모가 옆에서 소리치고 위협해도 느려 터진 아이가 있다.

기질이 아이의 모든 행동이나 반응을 결정하는 것은 아니지만, 아이의 행동 형태에 중요한 영향을 주는 것은 사실이다. 아무리 예민하지 않으려고 해도 잘 되지 않는 사람이 있고, 아무리 잽싸게 행동하려고 해도 이상하게 한 박자씩 느린 사람이 있다. 때로는 노력으로도 안 되는 것이 있다. 그 중의 하나가 기질적 특성이 아닌가 싶다. 노력으로 나아지기는 하겠지만 본질적으로 변화하지는 않는 것 같다. 그래서 기질적 특성은 타고나는 것이라고 본다.

이처럼 타고난 기질은 부모와 자녀의 상호작용에 영향을 주듯 형제의 상호작용에도 영향을 준다. 형제의 기질은 형제간의 갈등 수준과 관련이 있다. 지나치게 활동적이고, 강렬하고, 잘 적응하지 못하는 기질을 가진 형제는 그렇지 않은 형제보다 쉽게 갈등 관계에 놓인다. 어느 인간 관계에서나 너무 예민하고 강렬하게 반응하는 사람하고는 지내기가 쉽지 않다. 상대의 반응이 너무 즉각적이고 강할 때, 혹은 예상과 다른 반응이 나타날 때 종종 당혹스럽고 어떻게 대응해야 할지 난감하다. 물론 반응이 너무 느린 사람과 지내는 일 또한 인내의 한계를 시험하는 것이지만.

부모와 아이의 관계에서 두 사람이 기질적으로 잘 맞느냐가 중요하듯 두 형제의 기질이 조화를 이루는지도 중요하다. 기질적으로 잘 맞는 형제라면 그렇지 않은 형제보다 상호작용이 조화롭고 갈등이 적을 것이다. 그리고 친밀한 관계로 발전할 수 있을 것이다. 당연한 이야기지만 우리는 보다 잘 맞는 사람과 함께 하고 싶어하기 때문이다. 그런데 문제는 형제는 선택할 수 없다는 것이다. 따라서 형제와는 기질을 얼마나 맞추어 나갈 수 있느냐가 문제다.

형제 관계로 인한 경험이나 역할에서 형제는 많이 다르다. 가장 큰 차이는 지도력, 지배성, 통제, 교수(教授) 등에서 나타난다. 앞에서 출생 순위가 형제의 특성과는 별로 상관이 없다고 했는데, 출생 순위와 관련된 유일한 형제의 특성은 지배성이다. 첫째 아이는 자신의 지위를 이용해 윗사람처럼 굴거나 군림하려고 한다. 이것이 지나치면 위 형제가 아래 형제를 들볶는 행동이 된다. 위 형제로서 훈육하고 가르친다는 명목 아래 체벌이나 비판 등을 가하며 동생을 지나치게 몰아세우기도 한다.

부모보다 형이 더 무섭다?

쓰디쓴 비난과 노력 없이 얻은 위 형제의 우월한 지위, 그리고 능력의 불일치(형과 동생의 신체적·인지적·사회적 능력 등이 다르기에)는 어떤 형제에게는 깊은 영향을 주기도 한다. 지방에 사는 가정의 형제들이 모두 서울로 유학을 오게 되었다. 형제들만 지내다 보니 큰형이 남동생과 여동생을 다 책임지고 간수해야만 했다. 넷이나 되는 동생들을 큰형은 매로 엄격하게 다스려야 했는데, 간혹 남동생들에게 과하게 매를 휘두르기도 했다. 아무래도 남자애들은 다루기가 더 힘들 것이다. 그런데 때때로 부모보다 형제가 인정 사정 보지 않고 더 가혹하다. 그 동생들이 다 성장한 지금, 그 중의 한 남동생은 큰형과 아직도 서먹서먹한 관계라고 한다.

모든 형이 동생에게 가혹한 교사, 양육자의 역할을 하는 것은 아니다. 또한 모든 형이 가르치는 역할을 하고, 동생이 배우는 역할을 하는 것도 아니다. 안톤 체호프와 존 키츠는 모두 동생들의 지적 · 정서적 발달에 대단한 관심을 보여 주었고, 이런 관심은 어린 시절이 지나서도 지속되었다고 한다. 분명 이런 위 형제를 가진 아래 형제는 행운인 듯 보이는데, 그들의 동생들도 그렇게 느꼈을까? 개인마다 상황을 지각하고 이해하는 것이 다르다. 즉 형제 관계 안에서 각 아이의 경험은 다르고, 이 다른 경험이 아이의 발달에 영향을 준다는 것이다.

부모—자녀 관계에서 부모와 아이의 경험이 다르듯 형제 관계에서 형제가 갖는 경험 역시 다르다. 이런 형제의 다른 경험, 공유하지 않은 경험을 우리는 오랫동안 무시해 왔다. 아니 무시해 왔다기보다 몰랐다는 말이 더 맞을지도 모른다. 단순히 형제가 비슷한 연령이고, 비슷한 활동과 놀이를 한다고 해서 형제 관계에서 이들이 느끼는 것이 비슷한 것은 아니다. 결혼 관계에서 남녀가 매우 다른 감정을 경험하고 똑같은 상황을 서로 다르게 보듯이 형제도 형제 관계를 다르게 지각한다. 마치 동상이몽의 관계 같다고나 할까.

형제란 동상이몽의 관계?

종종 한 형제의 우호적 접근에 다른 형제가 적대적으로 반응해서
상호작용의 불일치가 일어나기도 한다.
이런 상호작용의 불일치는 형제의 감정의 부조화를 이끈다.
형제의 이런 다른 경험이 형제 차이를 가져오는 것이다.

왜 형제는 형제 관계에서 다르게 지각할까? 한 가지 이유는 형제가 서로를 대하는 행동과 방법이 다르기 때문이다. 형제는 상호작용을 하면서 종종 불일치를 보인다. 조화의 적합성에서 볼 때 형제의 요구와 능력, 행동은 서로 맞지 않는다. 어린 시절 형제는 주요한 놀이 상대임에도 불구하고 늘 놀이가 이루어지는 것은 아니다. 1~2세의 어린 형제는 흥미 없어 하는 위 형제와 함께 놀려고 계속 시도하지만, 번번이 위 형제에게 제지당한다. 위 형제는 종종 물리적 힘을 동원해 제지하기도 한다. 이 때 한 형제의 우호적 접근과 다른 형제의 적대적 반응이 불일치를 가져온다. 형제에 따

라 이런 불일치의 정도가 다르지만, 아주 높은 가정도 많다.

　형제의 상호작용을 보면 전반적으로 동생이 위 형제에게 보다 더 우호적으로 접근하는 경우가 많다. 특히 생후 첫 3년 동안 이런 경향이 두드러진다. 위 형제의 적대적 행동과 동생의 우호적 접근은 형제의 상호작용의 불일치를 가져온다. 이런 불일치한 상호작용이 자주 일어나는 가정에서는 형제간에 놀이도 적고, 위 형제가 아기를 돌보거나 돕는 경우도 별로 없다. 어찌 보면 당연한 결과인지도 모른다. 동생의 우호적인 접근과 시도를 위 형제가 거부하거나 냉대하면 할수록 놀이는 성사되지 않을 테니 말이다.

　그러나 형제의 상호작용의 불일치도 시간과 함께 변화한다. 다음은 동생이 성장하면서 서로에 대한 형제의 행동이 어떻게 변화하는지 관찰한 것이다.

　#1. 두 살 반인 형이 14개월인 경수에게서 장난감 자동차를 잡아채며 "이거 내가 가질 거야!" 하고 소리친다. 동생은 울면서 어머니를 바라보며 안아 달라고 손을 뻗는다.

　#2. 18개월인 경수가 풍선을 가지고 놀고 있는데, 형이 다가와 "노란 풍선은 다 내 거야" 하며 풍선을 가져간다. 동생은 소리지르며 어머니를 바라보면서 손으로 형을 가리킨다. 그러다 머리를 계속 흔들며 어머니에게 다가가 옷을 잡아당긴다. 그리고 형에게 달려가 형을 거칠게 민다.

　#3. 21개월인 경수가 차고로 쓰는 골판지 상자를 가지고 놀고 있

다. 형이 다가와 "불자동차는 내 거야" 하고 가져가 버린다. 동생은 "안 돼, 안 돼" 소리지르며 방 저쪽으로 달려간다. 거기에는 형이 자신의 병정들을 위해 블록으로 지은 성이 있다. 동생은 성을 무너뜨리고 장난감 병정을 집어서 방 밖으로 던져 버린다.

장면이 그려지지 않는가. 무력하게 대성통곡하며 어머니에게 달려가 위안을 얻던 동생이 점차 형의 압제(?)에 항거하는 모습 말이다. 대단한 발전 아닌가. 시간이 흐르면서 형의 행동에 대한 동생의 반응이 변하고 있다. 처음에는 수동적으로 형에게 당하다가 점차 공격적인 반응을 하고, 그러다 형을 좌절시키고 마음 상하게 하는 법까지 알게 된 것이다. 시련이 동생을 변하게 한 것일까.

또 다른 예를 보자. 두 살인 여동생은 오빠에게 우호적으로 접근하지만, 오빠는 계속 거부하고 벌을 준다. 여동생은 그것을 묵묵히 받아들이며 오빠를 돕거나 협조하려는 눈물겨운 시도를 그치지 않는다. 오빠는 그 모든 호의적인 제안을 거절하고 계속 여동생에게 짜증을 내고 상처를 준다. 그 후 몇 달 사이에 여동생의 지속적인 우호성은 점차 감소하고 대신 강한 공격성이 나타난다. 여동생이 세 살이 되었을 때 형제간의 불일치가 반대로 나타난다. 이번에는 오빠가 함께 놀려고 시도하면 여동생이 부정적으로 반응한다. 이제 역할이 바뀐 것이다. 쓰라린 경험과 상처에서 나온 여동생의 복수가 시작된 것인가.

처음에는 오빠의 일방적인 세력 행사였지만 점차 여동생의 반격으로 둘의 다툼은 뜨거워질 것이다. 이것이 형제간에 빈번하게 벌어지는 상호작용의 부조화라고 할 수 있다. 이런 상호작용에서 형제가 같은 감정을 경험하기는 어렵다. 상호작용의 부조화는 감정의 부조화를 이끈다. 이런 부조화는 형제마다 다른 경험을 가져오고, 결국 형제 차이를 이끈다. 여동생은 심술궂게 자신을 밀어내는 오빠를 어떻게 생각했을까? 그럼에도 계속 오빠에게 매달리면서 무엇을 느꼈을까?

때때로 위 형제가 학교에 들어가면 사회 생활이 확대됨에 따라 형제의 애정과 흥미의 불일치가 더 커지기도 한다. 위 형제의 학교 진학은 동생에게 쓰라린 경험이다. 대부분의 시간을 함께 보내며 놀고, 웃고, 다투던 상대가 이제 많은 시간을 밖에서 보내기 때문이다. 밖에서 보내는 시간이 많아질 뿐만 아니라 또래 친구를 만나면서 종종 동생의 존재를 귀찮아하고 잊어버리기까지 한다. 그에 반해 동생은 여전히 위 형제만을 바라보며 함께 놀기를 기다리고 바랄 뿐이다. 기억 나지 않는가. 어린 시절 위 형제의 친구들이 오면 함께 놀아 보려고 쫓아다니던 기억 말이다. 위 형제는 어떻게든 동생을 떼어놓고 자기들끼리 놀려고 온갖 횡포와 만행을 저지른다. 그럼에도 그저 함께 놀고 싶은 마음에 모든 것을 감수하던 그 시절. 그러나 동생이 위 형제만 바라보는 시기도 영원하지는 않다.

'이젠 형에게 당하고 있지만은 않을 거야'

어린 동생은 몇 년 사이 형제 관계에서 점점 더 적극적인 역할을 한다. 일반적으로 네 살이 되면 어린 동생은 유능한 동반자이자 적대자로 변하게 된다. 네 살을 기점으로 하여 동생은 놀라운 상대로 변하는 것이다. 이런 변화는 위 형제와의 경험에서 온 것도 있겠지만, 동생의 신체적·인지적·사회적 능력의 발달로 가능해진 것이다. 이 때 형제 관계는 아이의 사회적·인지적 발달에 더욱 중요해진다.

보통 적대적으로 구는 쪽은 위 형제지만 점차 어린 동생도 공격적이 된다. 이제는 어린 동생이 먼저 치고, 밀고, 머리를 잡아당길 뿐만 아니라 갈등을 신체적 폭력으로 이끄는 당사자가 된다. 위 형제는 갈수록 동생을 때려서는 안 된다는 메시지를 받게 되는 반면, 동생은 맹렬하면서도 효율적인 적수로 변하는 것이다. 유능한 싸움 상대로 서서히 바뀌는 동생은 싸움이 벌어지면 위 형제보다 야단도 덜 맞는다. 동생은 이래저래 유리해진 듯하다.

형제의 상호작용의 불일치는 어떤 의미가 있는 것일까? 상호작용에서 형제가 경험하는 정서적 불일치는 중요하다고 한다. 앞에서 형제는 성격과 행동에서 많이 다르다고 했다. 같은 가정에서 자라면서도 서로 다른 이유 중의 하나는 서로를 대하는 방식이 다르기 때문이다. 실제로 형제들 스스로 자신들의 관계를 평가한 연구에서 친밀성이 가장 일치하지 않았다. 얼마나 서로 친한가를 평가하는 데 있어 형제는 서로 달랐다. 마치 부부가 서로 얼마나 사랑하고 친밀한가에 대한 질문에 다르게 대답하는 것과 비슷하다. 형제 관계에서 상호작용의 불일치가 빈번히 발견된다면 친밀성이 다르게 나오는 것은 당연한 결과인지도 모른다.

형제가 자라면서 다툼의 성격도 변한다. 여전히 다툼은 밀고 당기는 식으로 끝나지만, 논쟁은 다른 모습을 취한다. 놀리고 괴롭히는 행동이 증가할 뿐만 아니라 점점 더 세련되어진다. 논쟁을 해결하는 어린아이의 능력은 점점 더 발전한다. 전에는 '안 돼', '하지 마', '아냐' 등과 같은 단순한 저항으로 그치지만, 이제는 두 편이 공유할 수 있는 규칙을 제시하며 행동을 정당화하려고 한다. '이건 내 거야. 너는 노란 걸 가져', '내 차례야. 넌 아까 했잖아', '엄마가 함께 하라고 했어' 하는 식이다.

이런 기술은 두 살 정도의 어린 나이에도 가끔 나타난다. 중요한 것은 아이들이 논쟁을 해결하는 과정에서 다른 사람의 관점을 고려하기 시작한다는 것이다. 형제의 다툼과 갈등은 결국 형제가 원하는 것이 다르거나 아니면 오히려 같기 때문에 일어난다. 상황에 따라 형제가 같은 것을 원해서 갈등이 생기고 어떤 때는 다른 것을 원해서 갈등이 생긴다. 장난감이든 음식이든 옷이든 부모의 관심이든 형제 중 누군가 쉽게 양보한다면 갈등이 생길 일이 없다. 형제가 타협한다면 싸울 일도 없다. 하지만 어디 그게 말처럼 쉬우랴. 어른에게도 양보와 타협은 쉽지 않은 법.

어쨌든 어린 시절 형제간의 갈등과 논쟁은 가정의 규칙, 나아가 사회의 규칙에 대한 이해를 가져온다. 그러나 형제의 입장을 이해하고 가정의 규칙을 이해하기 위해 형제의 갈등과 논쟁이 반드시 있어야 하는 것은 아니다.

형제는 나의 삶에서 무엇을 하고 있나

내가 얼마나 성취했는지 알고 싶을 때
나는 형제를 돌아보게 된다.
내가 얼마나 성취했는지 알고 싶을 때
부모와 사람들은 나와 형제를 비교한다.
형제와 나는 비교 대상이 되기에.

앞에서 형제는 비슷하기보다 다르다고 했다. 형제의 성격은 그 다른 정도가 마치 가족 밖의 낯선 사람만큼 다르다고 했다. 나와 많은 것을 공유한 듯한 형제가 사실은 낯선 사람만큼이나 다르다. 형제와 함께 성장한다는 것은 낯선 이와 함께 살며 성장하는 것과 같다. 낯선 사람과 함께 살고 성장한다는 것은 도대체 어떤 의미일까?

자신과 다른 이와 함께 성장하는 데에는 두 가지 의미가 있을 수 있다. 첫째는 형제의 성격, 성공 등을 자신과 비교함으로써 자존감에 영향을 준다. 둘째는 자신에 대한 타인(형제, 부모, 교사 등 등)의 의견과 평가의 영향으로, 이 또한 자존감과 자기 평가의 발달에 영향을 준다. 첫번째가 내적 비교라면 두 번째는 사회적 비교라 할 수 있다.

작가들이 얼마나 자신과 형제의 차이를 생생하게 의식하고 있는지는 그들의 자선전이나 전기에 잘 나타나 있다. 마크 트웨인은 어머니와 자신의 관계와 어머니와 동생의 관계의 차이를 알고 있었다. 그리고 어머니의 애정과 관련해 자신과 동생의 성격과 심성의 차이도 잘 알고 있었다. 작가 헨리 제임스는 형 윌리엄과 자신을 비교하는 일에 매달려 형이 노력 없이 쉽게 얻는 것을 성취하고자 끊임없이 몸부림쳐야 했다. 세상은 얼마나 불공평한가. 한 사람은 아주 쉽게 순식간에 성취하고 다른 사람은 시간과 노력을 들여서 힘들게 그 뒤를 따라가야 하니 말이다. "윌리엄은 자신이 할 수 있기에 그림을 그렸지만, 나는 윌리엄이 그렸기에 그림을 그렸다"라는 헨리의 고백은 정녕 고통스러운 것이다.

두세 살의 아이조차 동생에 비해 우수한 자신의 능력을 이야기한다. "넌 기억하지 못하지만 나는 기억해"라거나 어머니가 아기의 이가 나는 것을 이야기하면 "나도 이가 났어. 난 얘가 걷기 전에 걸었어. 난 얘보다 먼저 걸었어" 혹은 "동생이 커지면 난 거대해질 거야. 천장에 닿을 만큼. 나는 거기까지 닿을 거야. 난 굉장히 많이 자랄 거야. 천장까지. 그렇게 높게" 하는 식이다. 어리든 크든 누군가보다 낫고 뛰어나다는 것은 뿌듯한 일이다.

아주 어린 아이조차 자신과 형제의 차이를 의식하고, 자신과 다른 형제를 일찍부터 비교한다. 주어진 문제를 해결해야 하는 상황에서 아이가 자신의 수행과 다른 사람의 수행을 비교하는 능력은 7~8세가 되어야 나타난다고 한다. 그런데 실제로는 그보다 훨씬 전부터 자신과 형제의 행동을 비교한다. 늘 함께 지내기 때문에 형제의 행동이 어떤 의미인지 보다 빨리 파악할 수 있기 때문이다. 또 이런 능력은 아이들에게는 무척 중요한 일이기에 자신에게 중요한 일은 빠르게 배우게 되는 것 같다. 자신에게 중요하다는 의미는? 아이들의 불만을 들어 보라. 형은 무엇을 가졌고, 무엇을 했고, 자신은 무엇이 없고, 무엇을 하지 못했다는 식의 끝없는 불평, 고자질, 항의 등등. 큰아이도 마찬가지다. 자신에게는 허락하지 않던 일을 동생에게는 너무나 쉽게 허락하고 많은 일에서 너무나 관대하다는 불평과 불만. 왜 있지 않은가. 나는 그 때 어떠했는데, 동생은 어떠했다는 불평과 불만들.

아이 스스로도 끊임없이 내적 비교를 하는데, 다른 사람들마저 능력, 외모, 재주 등에서 직접적으로 비교한다면 어떨까? 가족간의 대화를 관찰한 연구를 보면, 대화 내용의 대부분이 다른 가족과의 비교와 그에 대한 평가라고 한다. 어린아이조차 일찍부터 이런 판단을 한다.

형제간의 비교 — 해서는 안 되지만 가장 흔히 하는 일

우리 나라 초중고생을 대상으로 한 설문 조사들을 보면 아이들이 가장 듣기 싫어하는 말 중의 하나가 형제와의 비교라고 한다. "왜 너는 형만 못하니", "제발 형의 반만 해라", "동생만도 못하구나", "같은 형제면서 왜 이렇게 다르니" 등등. 아이들은 부모에게서 형제와 비교하는 말을 수시로 듣고 산다. 어쩌면 부모로서 가장 해서는 안 되는 일이 자녀들을 비교하는 것인지도 모른다. 그런데 안타깝게도 부모가 가장 일상적으로 하는 일이 바로 이 비교인지도 모른다. 가족의 비교 혹은 평가가 형제에게 어떤 영향을 주는지는 뒤에서 자세히 살펴볼 것이다.

자신과 다른 사람의 차이, 그리고 자신에 대한 다른 사람의 평가를 아는 일은 아이의 발달에 중요하다. 어찌 보면 평가란 자기 자신보다 남이 하는 것 아닌가. 그리고 그 첫번째 주자는 바로 가족이다. 평가를 하는 데 있어 부모와 형제는 다른 입장일 수밖에 없다. 형제는 형제간의 차이와 다른 형제의 의견에 예민하다. 왜냐하면 형제란 자신과 비교되는 대상이고, 그래서 경쟁 대상도 되기 때문이다. 형제 차이는 자신과 다른 이에 대한 차이를 알려 주고, 그 영향은 형제에게 다르게 미친다. 어떤 아이는 형제와의 차이를 크게 의식하고 경쟁할 수도 있고, 또 어떤 아이는 그러려니 하면서 무심코 지내기도 한다.

다행히도 형제와 사는 것이 고통스러운 것만은 아니다. 형제로 인해 고통을 받는 만큼 우리는 성장하는지도 모른다. 형제는 우리의 지적 발달과 성격 형성에 영향을 주는 주요한 사람이다. 형제로 인해 일찍부터 그리고 끊임없이 다른 사람과 비교하고 다른 사람의 감정, 동기, 의도를 의식하기 시작한다. 아이들이 다른 형제와 어머니의 모든 상호작용에 민감한 것은 아니다. 아이들은 다른 형제와 어머니 사이에 오가는 감정에 특히 민감하다. 위 형제는 어머니가 아기에게 젖을 먹이고, 목욕시키고, 잠재우는 그런 일상적인 일에는 반응하지 않는다. 물론 동생이 태어난 직후에는 그런 일에도 민감하게 반응하지만, 아이가 보다 더 반응을 보이는 경우는 어머니와 다른 형제의 상호작용에 감정적 색채가 있을 때다.

어릴 때부터 아이들은 다른 가족의 행동과 정서 상태에 흥미를 가진다. 아이들은 부모의 관심과 애정이 어디로 어떻게 가는지 주의한다. 아주 어린 아이들조차 다른 가족간의 논쟁에 반응을 보인다. 14~16개월의 아이조차 어머니와 다른 형제의 논쟁에 흥미를 보이기 시작한다. 아이의 주의를 끌고, 다른 사람의 논쟁에 대한 아이의 반응에 차이를 가져오는 것은 논쟁에서 표현되는 감정이라고 한다.

세 살 무렵이 되면 아이의 표현력이 증가하면서 다른 사람들의 감정에 대해 묻는 일이 많아진다. 어린아이는 감정적인 톤으로 좋다, 싫다, 나쁘다, 착하다 등을 표현한다. 아이들의 말은 온통 감정적인 내용으로 가득하다. 아이는 가족 관계를 통해 무엇이 다른 사람을 화나게 하고 즐겁게 하고 귀찮게 하는지, 그리고 다른 사람들이 어떻게 반응하고 행동하는지 일찍부터 이해하기 시작한다. 그런 이해에 부모와 형제는 다른 역할을 할 것이다.

형제 많은 집 아이는 눈치가 빠르다?

사회적 관계 속에서 살아가야 할 아이가 세상을 공유하는 다른 사람의 감정, 동기, 의도를 알기 시작하는 것은 중요하다. 이런 능력이 얼마나 중요한지는 남의 의도나 감정을 못 읽는 사람이 사회적으로 따돌림당하는 현실에서 잘 알 수 있다. 이런 능력은 사회적 관계에서 중요한 기술이고 요구되는 기술이다. 성장할수록 사람들은 자신의 감정, 동기, 의도를 직접적으로 드러내기보다 은연중에 간접적으로 표현한다. 그런 상대의 정서적 상태를 파악하고, 사회적 상황에 맞게 적절하게 행동해야 하는 것이다. 흔히 형제가 많은 가정에서 자란 사람이 눈치가 빠르다고 한다. 틀린 말이 아닌 듯하다. 많은 형제 속에서 생존(?)하려면 정녕 뭐가 어떻게 돌아가는지 잘 알고 행동해야 하지 않을까.

이렇게 다른 형제와 산다는 것이 어떤 의미가 있을까? 형제와의 삶은 아이의 사회적 삶에 중요하다. 부모뿐만 아니라 형제 역시 우리의 사회적·정서적 발달에 중요한 영향을 주는 사람임에 틀림없다. 아이는 부모와 형제로 인해 무엇이 다른 사람을 화나게 하고 즐겁게 하고 귀찮게 하는지, 그리고 다른 사람이 어떻게 반응하고 행동하는지 이해하는 것이다.

또한 부모나 다른 형제가 자신을 어떻게 보느냐 하는 정보 역시 중요하다. 형제는 중요한 비교 대상이 될 수 있고 자기 효능감과 자존감, 자기 가치감의 발달에 영향을 준다. 아이는 형제 관계 안에서만 이런 영향을 받는 것이 아니라 형제가 함께 성장한다는 그 사실만으로도 영향을 받는다. 이런 경험은 형제마다 다르고, 그 다른 경험이 형제의 다른 삶을 이끈다.

출생 순위—정말 중요한가

출생 순위에 따라 형제의 심리적 특성이 다를까?
연구자들의 답은 그렇지 않다는 것이다.
그런데도 불구하고 출생 순위에 대한 사람들의 관심은 가라앉을 줄 모른다.
정녕 깨지지 않는 신화와 같다.

세 명의 남동생을 가진 한 남자는 어렸을 때부터 동생들 위에 군림했다. 그는 필요하면 폭력까지 행사하는 엄격하고 권위적인 형이었다. 남동생들은 형을 존경하고 그의 말에 무조건 복종했다. 그는 동생들이 동네에서 놀림을 당하거나 다치지 않도록 보호했다. 어린 시절 형제와의 그런 경험은 그의 성격에 많은 영향을 주었다고 한다. 그래서 그는 어디서나 선두가 되어야만 직성이 풀렸다.

형제는 다르다고 했는데, 그렇다면 출생 순위에 따라 성격이나 성취 능력 등이 다를까? 장남이나 장녀이기 때문에 다른 형제와 다른 특성이 있을까? 막내이기에 다른 형제가 갖지 않은 특성이 있을까? 장남도 막내도 아닌 중간에 낀 아이는 그 어중간한 순위에 영향을 받았을까? 중간 아이의 특징이 따로 있는 것일까? 많은 사람이 출생 순위가 우리의 특성에 영향을 준다고 생각한다. 그래서 자신의 특성이 중간 아이인 데서 왔다는 둥 혹은 어떤 이의 성격은 막내 기질이라는 둥. 정말 그럴까?

언니의 행운은 동생의 불운?

소설가이자 사상가인 시몬 드 보부아르는 자신의 성공에서 운이 절묘하게 작용했다고 말했다. 우선 자신이 첫째 아이로 태어난 것, 그리고 자신의 부모님이 곧바로 둘째 아이를 가질 수밖에 없었던 것, 마지막으로 동생이 남자가 아니라 여자 아이였다는 것 등이 자신에게는 행운이었다고 했다. 물론 자신의 삶의 한 모퉁이에 사르트르가 있었다는 것도 행운이었다고. 이런 가족 상황이 그녀에게 행운이었다면, 역으로 여동생에게는 불행이었다는 말인가?

보부아르는 그렇다고 보았다. 부모에게는 그녀의 정상적인 발달 성취가 모두 경이였다. 처음 걸음마를 할 때, 처음 말을 할 때, 처음 학교에 들어갈 때, 그리고 처음 졸업할 때 등등. 그녀의 부모뿐만 아니라 모든 부모에게 첫째 아이의 성취는 경이 내지 기적과 같은 일이다. 그에 반해 그녀의 여동생은 보부아르가 이미 보여 준 경이를 그대로 반복함으로써 새로울 것이 없었다. 그래서 어려서부터 그리고 학교에 들어가서도 늘 언니와 비교되었고, 보부아르의 동생으로서 평생을 살아야 했다. 제2인자로.

첫번째로 태어나느냐 두 번째로 태어나느냐는 운인지도 모른다. 우리가 흔히 이야기하는 출생 순위는 과연 우리의 성장과 삶에 얼마나 영향을 줄까? 장자가 모든 것을 상속 받던 과거에 장자의 위치는 절대적이었다. 지금이야 자녀가 대부분 한두 명이라서 장자의 의미가 많이 약화되었지만, 재산이나 권력 등 계승할 것이 많은 집안에서는 자녀의 출생 순위가 중요할 수 있다.

단순히 먼저 태어났다는 이유로 모든 것을 선점하고 우월한 위치를 차지한다는 것이 아래 형제들로서는 용납하기 힘들지도 모른다. 혹시 자라 오면서 자신이 장남이나 장녀이기를, 혹은 막내이기를 바란 적은 없는가. 그렇다면 우리의 삶은 지금과 많이 달랐을까?

형제와 관련된 변인은 출생 순위, 성별, 연령 차이 등이 있다. 이 중에서 사람들이 가장 관심을 갖는 것은 출생 순위다. 출생 순위에 따라 형제의 심리적 특성이 다를까? 연구자들의 답은 그렇지 않다는 것이다. 그런데 놀라운 사실은 학자들의 이런 주장에도 불구하고 출생 순위에 대한 사람들의 관심은 가라앉을 줄 모른다는 것이다.

출생 순위에 관한 깨지지 않는 신화

일반적으로 사람들은 출생 순위가 자녀의 지능, 성격 등과 같은 심리적 특성에 많은 영향을 준다고 믿는다. 예를 들면, 장남이나 장녀는 책임감 있고 어른스럽고 성취 지향적이고 고지식한 반면, 막내는 애교가 많고 조금 미숙하지만 유연하다고 생각한다. 하지만 출생 순위에 대한 일반인들의 지속적이고 거의 절대적인 믿음과는 달리 실제 연구에서는 출생 순위의 효과를 발견하지 못하고 있다. 출생 순위는 심리적 특성에서 형제의 차이에 아주 작은 영향을 줄 뿐이다.

그럼에도 불구하고 일반인들은 여전히 출생 순위의 영향을 굳게 믿고, 또한 수많은 연구에서 여전히 그것을 알아보고자 시도하고 있다. 정녕 깨지지 않는 신화와 같다. 마치 학교에서 보부아르의 성취가 전설로 승화되면서 사람들이 그녀가 모든 면에서 뛰어났다고 굳게 믿게 된 것처럼. 그리고 여동생의 어떤 노력과 성공도 그 전설을 돌파하기에는 충분하지 않던 것처럼. 그런데 문제는 그것이 잘못된 신화라는 것이다. 실제 연구들을 살펴보면 출생 순위가 우리의 심리적 특성에 미치는 영향은 아주 작다. 한 심리학자는 그런 미미한 영향을 알아보기 위해 그렇게 많은 연구자와 시간이 투자되었다는 사실이 놀랍다고 했다. 더 놀라운 것은 그런 시도가 아직도 계속되고 있다는 사실이다.

그렇다면 출생 순위가 영향을 준다는 주장들은 어떤 것인가. 예를 들어 형제들 중 첫째 아이의 지적 성취가 높다는 주장을 살펴보자. 많은 연구에서 아이의 출생 순위와 아이의 지적 성취를 알아본 다음 두 변인의 관계를 본다. 즉 지적 성취에서의 개인차가 피험자의 출생 순위에 따른 것인지를 살펴보는 것이다. 이 때 출생 순위는 성취와 관련 있는 것처럼 보일 수 있다.

그러나 이 결과에서 가정의 사회 경제적 지위나 가족 크기와 같은 다른 변인들의 영향을 고려하면 출생 순위에 따른 교육적 성취의 차이는 사라진다. 가정의 사회 경제적 지위는 그 가정의 아이의 성취에 영향을 줄 수 있다. 형제의 공유한 경험이 지능과 학업 성취에 영향을 주듯이 가정에서의 공통적인 경험이 지능에서 형제의 유사성에 영향을 주는 것이다. 가정의 사회 경제적 지위에 따라 교육적 기회나 혜택이 다를 수 있다. 개인의 지적 성취에 작용하는 다른 다양한 변인들의 영향을 고려하고 난 다음 아직도 출생 순위와 관련이 있는지 알아보는 것이다. 그러면 결과는 아이의 성취에서 출생 순위와 관련된 부분이 별로 남지 않는다는 것이다. 그 다양한 변인들 중에서 출생 순위는 형제의 성취 차이를 가져오지 않는다는 의미다.

그렇다면 첫째 아이의 높은 성취나 지적 능력은 도대체 무엇이란 말인가. 첫째 아이의 우수성은 지적인 능력에서 보다 더 높은 성취를 보이는 사람들 중 첫째 아이인 경우가 많기 때문이라고 한다. 유명한 사람들, 학자들, 그리고 박사 학위 소지자들 중에 첫째 아이가 다른 출생 순위의 사람보다 많다고 한다. 한마디로 첫째 아이 집단이 과도하게 차지하고 있다고 할까. 이런 위치를 얻는 것이 반드시 지적 능력에 의해서만 이루어지는 것은 아니기에 이 증거를 첫째 아이의 우수성으로 연결하지는 말아야 한다.

이미 앞에서 첫째 아이가 지적으로 다르다는 결과는 별로 없다고 했다. 어떤 사람들은 높은 성취를 보이는 집단에서 첫째 아이가 많은 이유는 첫째 아이가 대학에 많이 들어가기 때문이라고 했다. 왜 첫째 아이가 막내보다 더 많이 대학에 들어갈까? 첫째 아이라서 그런가? 먼저 태어나고 먼저 들어간다? 그러나 첫째 아이가 대학에 많이 들어간다고 주장하는 연구들조차 방법상 적지 않은 문제를 가지고 있다. 어떤 심리학자는 출생 순위를 다룬 논문들을 더 이상 학술지에 실어서는 안 된다고까지 말하고 있다. 오죽하면 이런 말까지 나왔을까. 아무리 깨려고 해도 깨지지 않고 오히려 더 강해지는 신화처럼 출생 순위에 대한 믿음은 엄청나다.

그런데 왜 사람들은 출생 순위가 우리의 심리적 특성에 큰 영향을 주었다고 그렇게 굳게 믿는 것일까? 보부아르의 말처럼 누가 언니고 누가 동생이냐에 따라 그들 자매의 삶이 달라졌을까? 보부아르는 출생 순위를 하나의 행운으로 보았다. 그러나 보부아르는 자신이 첫째 아이로 태어난 것뿐만 아니라 가정의 다른 사회적 조건들이 또 다른 행운이라고 했다. 동생이 금방 태어나서 형제간에 연령 차이가 별로 나지 않은 점, 그리고 남동생이 아니라 여동생이라는 점이 자신의 삶에 행운이었다고 했다. 결국 보부아르의 행운은 단순히 출생 순위에서 온 것이 아니라 그것을 둘러싼 다른 상황과 잘 맞물렸기 때문인지도 모른다.

3

형제 관계는 애중의 관계인가

형제를 묶는 것은 무엇인가

유전과 환경의 많은 부분을 공유한다는 것만으로 형제가 비슷해지지 않듯이
형제가 저절로 친밀해지는 것은 아니다.
부모가 모든 아이를 공평하게 대해야 하지만,
꼭 그렇게 되는 것은 아닌 것처럼.

혈연인가, 끈끈한 정인가, 아니면 의무인가. 흔히 형제 관계는 감정적이고 불합리한 관계라고 한다. 사실 감정적이면서 동시에 합리적이기는 어렵다. 감정적이기에 불합리한지도 모른다. 형제 관계는 말과 행동이 억제되지 않고 오가는 사이다. 원색적인 관계라고나 할까. 특히 어릴수록 원색적인 말과 행동이 오간다. 어찌 보면 형제란 말과 행동을 적절히 억제하는 것을 배우기 전에 만난 사람이다. 형제 관계란 그런 점에서 부모나 친구와의 관계와 다르다. 권위와 힘의 상징인 부모와는 일정한 선을 절대 넘을 수 없고, 친구와는 선택의 관계이기에 무엇보다 타협과 양보가 요구된다.

　그런데 우리는 우리의 형제를 좋아할까? 정말 우리는 형제와 친밀한 사이일까? 형제라고 반드시 서로를 속속들이 알고 친하게 지내는 것은 아니다. 오히려 같이 살기에 더 무심한 사이일 수도 있다. 우리는 형제가 무엇을 원하는지, 무엇을 하고자 하는지, 그리고 무엇을 느끼고 있는지 정말 아는 것일까?

형제 관계 — 심리학의 잊혀진 영역

　실은 심리학자들조차 형제에 대해 잘 모른다. 형제란 심리학에서 무시된, 그래서 잊혀진 존재다. 그나마 형제에 대한 작은 관심이라면 정신분석학자들이 형제를 부모의 애정을 놓고 싸우는 경쟁자로 보거나, 혹은 가족체계(family system)학자들이 가족을 하나의 역동적인 체계로 보면서 형제를 가족 안의 한 하위 집단으로 보는 정도라고나 할까. 그러나 가족체계학자들조차 부모와의 관계에서 형제를 고려할 뿐 형제라는 하위 집단에서 어떤 감정이 오가는지는 잘 모른다.

　그러다 보니 부모-자녀 관계의 질을 기술할 수 있는 체계는 발달한 반면, 형제 관계를 기술할 수 있는 체계는 존재하지 않는다. 부모와 자녀의 초기 관계는 흔히 애착 관계로 나타난다. 애착이란 특정인에게 보이는 지속적인 정서적 유대다. 애착을 갖는 대상과 가까이 있으려 하고, 사라지면 찾고 그리워하며, 스트레스를 받으면 그 대상으로부터 위안을 받으려고 한다. 사실 이런 애착을 아기만 보이는 것은 아니다. 성인도 특정 대상에게 애착을 보이는데, 다만 표현 방식이 아기와 다를 뿐이다. 애착 상태는 보통 아이가 1~3세일 때 '낯선 상황'이라는 실험 세팅에서 측정하는데, 아이가 부모에게 보이는 애착 행동에 따라 부모와 아이의 애착 관계의 질을 판단한다.

부모에게 하듯이 형제에게도 애착을 보일 수 있다. 부모와 자녀 관계에서만 애착이 형성되는 것은 아니다. 어떤 이들은 부모가 역할을 제대로 하지 못할 때 형제가 부모 역할을 하고 특별한 애착이 형성된다고 주장한다. 일종의 특수한 상황에서 형제의 애착이 형성된다는 것이다. 한 남자는 무책임한 아버지로 인해 형제들이 특별한 관계를 형성하게 되었다고 한다. 그의 아버지는 이틀 후에 오겠다고 하고 두 달 동안 집에 들어오지 않는 사람이었다. 한마디로 자기 기분 내키는 대로 사는, 통제가 안 되는 사람이었다. 그의 형제들은 의지할 사람은 자신들뿐이라고 생각하고 똘똘 뭉쳐 서로를 보호하기 시작했다. 큰아이가 어린 형제들을 돌보았고, 모두 학교를 졸업하자마자 취직해 열심히 돈을 벌었다. 모두 하나로 뭉쳐 어려움을 이겨 낸 것이다.

애착은 반드시 부모나 형제에게만 형성되는 것도 아니고, 특수한 상황에서만 형성되는 것도 아니다. 자신을 돌보아 주고, 염려해 주고, 배려해 주는 상대에게 형성된다. 다만 그 대상이 일반적으로 부모일 뿐이다.

부모-자녀 관계도 아니고 형제 관계도 아니지만, 특수한 상황에서 특수하게 형성된 애착도 있다.

　1945년 8월, 유럽에서 비행기 한 대가 영국으로 왔다. 그 비행기에는 부모를 잃고 강제 수용소에서 살던 수백 명의 아이들이 타고 있었다. 그 아이들 중 세 살 된 어린아이 여섯 명이 있었다. 완전히 바뀐 새로운 환경에 놓인 어린아이들의 적응을 위해 관계자들은 1년 동안 여섯 명의 아이들을 함께 지내도록 조치했다. 한 영국인이 이 소식을 듣고 자신의 시골 별장을 제공해 어린아이들은 소수의 어른들과 함께 조용하고 평화로운 시골에서 지내게 되었다.

　여섯 명의 어린아이(여아 세 명, 남아 세 명)에 대해 알려진 배경은 다음과 같다. 네 명은 출생하자마자 어머니를 잃었으며, 한 명은 생후 12개월 전에 어머니를 잃었고, 나머지 한 명은 그 시기가 불확실했다. 그 후 아이들은 여기저기 떠돌아다녔다. 돌봐 주는 주변의 어른들이 수시로 바뀌었으며, 출생 후 주로 집단 속에서 지내 '가정'이라는 의미를 전혀 모르고 성장했다. 즉 애착을 형성할 만한 어른이 주변에 없었다. 이 아이들은 모두 생후 12개월 이전에 수용소에 도착해 그 곳에서 해방될 때까지 지내야 했다.

　아이들은 움직임이 자유롭지 못한 한정된 수용소 공간에서 장난감도 거의 없이 지냈다. 아이들은 주로 큰 기관이나 수용소에서 성장했기 때문에 보통 사람들의 삶에 접촉할 기회가 전혀 없었다. 또한 자신을 돌봐 주는 어른과 강한 정서적 유대가 없었으며, 어른을 동일시할 동기도 가지고 있지 않았다. 그리하여 외부 세계에 대한

지식, 그리고 환경을 다루고 이해하는 능력이 연령에 비해 낮았다.

처음 별장에 도착한 아이들은 장난감들을 부수고, 가구들을 망가뜨리며, 주변의 어른들을 무시하거나 적대감을 보였다. 여섯 명의 아이들이 가진 유일한 긍정적 감정은 서로에 대한 것이었다. 이들은 서로에게 강하게 애착하면서 극도로 서로를 돌보고, 챙기며, 염려했다. 아이들은 한 아이라도 눈에 보이지 않으면 끊임없이 걱정하며 찾았다. 서로 떨어지는 것을 완강히 거부해 아이들을 개별적으로 다루는 것이 불가능했다. 아이들간의 애정은 대단히 특별한 것으로 그 나이의 아이들간에 자연스럽게 나타나는 경쟁, 부러움, 질투 등이 거의 없는 상태였다. 반면 성인 세계에 대한 관심은 전혀 없었고, 성인에게 반응을 보이지도 않았다.

물은 피보다 진하다, 때로는

이 사례는 특이한 점을 보여 주고 있다. 우선 아이들이 형제는 아니지만 형제처럼 지내면서 형제보다 더한 애착 관계를 형성하고 있다는 점이다. 이 아이들이 서로를 돌보고 배려하는 행위는 거의 이타적이라고 할 수 있다. 열악한 수용소에서 자란 아이들이 다른 아이를 위해 자신의 빵을 기꺼이 포기하기도 했다. 또한 보통 형제 관계들이 이 시기에 나타내는 경쟁, 부러움, 질투 등을 보이지 않았다. 물론 상황 자체가 너무나 특수하다. 이 아이들에게는 애착할 부모가 없고, 그들만이 함께 지내고 접근 가능한 유일한 상대였다. 이런 경우 특별한 형제 유대가 형성될 수 있다.

어느 부모 형제도 형제끼리 이 정도의 정서적 유대를 갖기를 바라지는 않을 것이다. 부모는 대개 형제가 서로 적당히 챙겨 주고, 도움이 되고, 적당히 싸우는 관계이길 바랄 것이다. 어느 부모도 헨젤과 그레텔처럼 특별한 형제 유대가 형성되기를 바라지 않을 것이다. 그저 친한 관계 정도면 만족할 것이다.

그렇다면 형제간의 애착은 어떻게 해서 형성되는 것일까? 부모가 역할을 제대로 못하거나, 부모가 아예 없을 때에만 형제 애착이 생기는 것은 아니다. 특수한 상황이 아니더라도 부모와 자녀 관계처럼 형제간에도 애착이 형성된다. 어린아이는 위 형제가 안 보이면 그리워하며 찾고, 어머니가 없는 낯선 상황이나 무서운 상황에서 위 형제에게 안전감과 위안을 얻는다. 한 어머니는 8개월인 딸아이에게 자신 하나만으로는 충분하지 않은 모양이라고 했다. 딸아이는 오빠가 없으면 찾고, 아침마다 오빠가 나타날 때까지 소리를 질렀다. 그리고 오빠의 모습이 보여야 조용해졌다.

낯선 곳에서 어머니가 잠시라도 사라지면 아기는 놀라고 당황해할 것이다. 이 때 위 형제가 아기에게 지지가 된다는 것이다. 두세 살의 어린아이라도 아기에게 효율적으로 위안을 줄 수 있다. 아기는 낯선 곳이라도 위 형제와 함께 있으면 스트레스를 덜 받는다. 낯선 사람이 놀이방에 들어오면 일단 위 형제에게 매달린다. 어머니와 마찬가지로 위 형제를 안전 기지로 사용하는 것이다. 낯선 장소라도 믿고 의지할 사람이 있으면 용기가 생겨 이곳저곳 돌아다니지 않는가. 애착 대상은 바로 그런 역할을 하는 것이다.

그러나 일상적으로 보는 형제는 그렇게 아름답지만은 않다. 보통 형제는 매일 싸우면서 또 함께 놀이를 한다. 이것이 흔히 우리가 보는 형제다. 특별히 우호적일 것도 특별히 적대적일 것도 없이 마구 뒤섞인 관계, 그래서 한마디로 정의하기 힘든 관계 말이다. 형제 관계 안에서는 다양한 감정이 표현되는데, 특히 생후 첫 3년 동안은 억제되지 않은 감정이 그대로 분출된다. 이처럼 감정적이고 원색적으로 출발해서 그런지 형제 관계는 복잡하고, 양면적이고, 또 모호한 특성을 가지고 있다.

왜 형제 관계는 복잡하고 양면적일 수밖에 없을까

도대체 형제 관계가 복잡하고 양면적이면서 모호하기까지 할 것이 있나 하는 의문이 들 것이다. 이제부터 그 이야기를 하려고 한다. 누구 말처럼 형제란 치고 받고 싸우다가 언제 싸웠나 싶게 아무렇지 않게 지내는 사이인지도 모른다. 그래서 부담 없고 친밀한 관계라고 할지도 모른다. 그런데 이런 형제 관계를 기술하는 것이 쉽지 않다. 부모-자녀 관계처럼 완전하지는 않더라도 형제 관계를 분류할 수 있는 체계나 기준이 없다.

그 이유 중의 하나는 형제 관계가 너무 다르다는 것이다. 어머니의 이야기를 들어 보거나 형제를 직접 관찰해 보면 가장 놀라운 것이 형제마다 관계가 다 다르다는 것이다. 제각각 다를 때 그 공통점을 찾기가 힘들지 않은가. 이렇듯 형제의 상호작용의 질 혹은 형제간의 우호적 행동과 적대적 행동의 정도 등은 형제마다 다르다. 형제 관계의 다양한 차이 때문에 형제 관계를 어느 하나의 차원으로 분류하기가 쉽지 않다.

형제라는 이유로 혹은 혈연으로 맺어진 가족이라는 이유로 친밀한 관계가 저절로 이루어지는 것은 아니다. 우리가 서로에게 끌려서 형제가 된 것은 아니지 않은가. 물론 같은 부모에게서 태어나 어린 시절 많은 시간을 함께 한다는 경험이 형제를 특별한 존재로 만든다. 그러나 단순히 유전과 환경의 많은 부분을 공유한다는 것만으로 형제가 비슷해지지 않듯이 형제가 저절로 친밀해지는 것은 아니다. 형제이기에 친해야 한다고 가정하지만, 반드시 그렇게 되는 것은 아니다. 부모가 모든 아이에게 공평하게 대해야 하지만, 반드시 그렇게 되는 것은 아닌 것처럼 말이다.

왜 어떤 형제는 친하고, 어떤 형제는 소원하고, 심지어 어떤 형제는 원수처럼 싸울까? 형제가 친해지는 데는 어린 시절에 공유한 경험이 중요하다고 한다. 그래서 연령 차이가 많이 나거나, 어린 시절에 떨어져 산 탓에 공유한 경험이 별로 없을 때는 친해질 기회도 없다. 어처구니없는 일이지만 부모가 형제의 친밀감을 막아 버리는 경우도 있다. 예를 들면 부모가 성별로 자녀를 구별하는 경우에는 형제가 친밀한 관계를 형성하지 못한다. 이런 경우 경쟁적이고 적대적인 관계를 형성할 가능성이 높다.

형제라고 저절로 친해지고 협조하는 것은 아니다. 친해질 수 있는 기회와 여건이 주어져야만 한다. 그 기회와 여건은 부모와 가정에서 주는 것 같다. 남녀가 만났다고 다 사랑에 빠지지 않는 것과 마찬가지로 함께 자란 형제도 다 친해지지 않는다. 물론 남녀 관계와 형제 관계는 다르다. 형제 관계는 남녀 관계처럼 어떤 화학 물질이 불꽃을 튀며 서로에게 끌리는 그런 관계는 아니므로.

단순히 한 집에서 산다고 친해질까

그러면 어떻게? 어린 시절 공유한 활동과 시간이 많으면 많을수록 형제는 친밀해질 가능성이 높다. 어린 시절 함께 하는 경험이란 무엇일까? 가정마다 다르겠지만 식사나 여가 활동을 함께 한다거나 교회를 다닌다거나 가족의 즐거움과 고통, 병이나 죽음으로 인한 슬픔을 함께 하는 경험 같은 것이다. 한마디로 기쁠 때나 슬플 때나 가족이 일과 감정을 공유하는 경험이라고 할까. 단순히 한 집에서 함께 사는 것으로는 충분하지 않다.

형제가 친밀해지는 것은 형제만의 문제가 아니라 형제가 성장하는 가정이란 맥락 안에서 보아야 한다. 그 가정이 가족의 단합과 조화를 강조하고, 부모의 편애가 없고, 개인의 특성을 인정해 주는 민주적 양육 방식을 택할 때 형제는 보다 더 친밀해진다고 한다. 비법은 바로 여기 있다. 그렇지만 우리 모두 알고 있지 않은가. 말은 쉽지만 이를 실천하기가 얼마나 어려운지.

결국 친밀하고, 지지하고, 협조하는 형제는 그저 얻어지는 것이 아닌 듯하다. 가정이 형제의 경쟁을 부추기기보다 형제의 단합과 협동에 가치를 둘 때, 그리고 경쟁을 자극하는 편애라든가 형제간의 비교를 하지 않고 형제의 차이를 인정해 줄 때 형제는 친밀한 관계를 가질 수 있다.

형제가 어떤 관계를 갖느냐에 영향을 주는 요소는 크게 두 가지다. 먼저 관계를 갖는 두 형제의 특성이다. 형제의 특성이 서로에게 얼마나 잘 맞는지, 아니면 서로에게 얼마나 잘 맞추어 나갈 수 있는지의 문제다. 또 하나는 이런 형제의 특성에 영향을 주는 것이 바로 그 관계가 일어나는 맥락이라는 점이다. 형제 관계가 일어나는 맥락 자체가 어떤 형제 관계를 지지해 주는지가 중요하다는 의미다. 형제는 서로 친밀하고, 우애 깊고, 협조하는 관계여야 한다는 강조나 가르침만으로 그런 형제 관계가 형성되는 것은 아니다. 여건과 조건이 가정에서 제공되어야만 하는 것이다.

성장하면서 형제는 더욱 달라진다. 특히 자기 정체성을 찾기 시작하는 청소년기에 들어서면 형제는 더욱 차이를 보인다. 그런데 형제의 친밀성에 가장 강력하게 영향을 주는 것은 가족의 가치와 전통, 그리고 상호작용의 형태다. 이런 것들을 많이 공유할수록 형제는 친밀해진다. 어렸을 때는 가족이 제시하는 가치이지만, 성장하면서 이런 가치를 얼마나 내재화해 자신의 가치로 만드느냐에 따라 형제는 공유할 근거를 찾을 수 있다. 이럴 때 형제는 연속성과 친밀감을 갖게 된다고 한다.

우리는 같은 것 혹은 비슷한 것을 추구하는 사람에게 친밀감을 갖지 않는가. 가정 밖에서는 비슷한 것을 추구하는 사람과 친구 내지 동료가 된다. 성장한 형제들의 가치, 생활 스타일, 사회 경제적 지위 등이 달라지면 가족 관계에 갈등이 생긴다. 이것도 결국 조화의 적합성 문제에 해당하지 않을까? 형제의 생각이나 요구가 서로 맞지 않게 되면서 관계가 삐걱거리는 것 아닐까?

서로 가치관이 다르다면 어떻게 잘 지낼 수 있겠는가. 내가 소중하게 여기는 것을 상대가 우습게 여긴다면 어떻게 함께 할 수 있겠는가. 가치관의 차이든 성격의 차이든 보는 시각이 다르다면 함께 하기 힘들 것이다. 무엇이 가치 있고 소중한가는 어린 시절 가정에서 처음 배우게 된다. 부모가 이를 자녀에게 가르쳐 주고 보여 줄 때, 그리고 자녀가 그런 가치와 태도를 자신의 것으로 받아들일 때 형제는 같은 방향을 바라보게 되는 것 아닐까.

형제는 어려서 공유한 경험이 많을 때 보다 더 친밀해지기 때문에 어린 시절에 이런 경험이 없다면 성인이 되어서 친밀한 관계를 만들기는 힘들다. 지리적으로 가까이 산다거나 대항해야 할 공동의 적이 있는 등 특수한 상황으로 인해 형제가 친밀해질 수밖에 없는 경우도 있다. 물론 이런 변화는 일반적인 것이기에 형제마다 다를 수 있다. 나이 들어서 형제는 서로를 참아 주고, 이해하고, 어린 시절의 차이를 해결하고, 혹은 전혀 반대의 입장에 서 있는 자신들을 보기도 한다. 그러나 나이 들어도 끝내 가까워지지 못하는 형제도 있다. 아니 오히려 성장하면서 가까워지기보다 서로 반목하며 지내는 형제도 있다.

형제는 왜 그리 싸우는 것일까

형제와 비교하며 열등한 위치에 있다고 느끼는 아이는 상처를 받고
다른 형제에게 원한과 나쁜 감정을 가질 수 있다.
그러면 그런 대상이 되는 다른 형제는 무엇을 느낄까?

형제 관계는 양면성에 뿌리를 둔다고 한다. 그것은 바로 애정과 증오다. 그래서 어느 인간 관계보다 더 많은 스트레스를 주는 불안정한 관계일지도 모른다. 특히 형제 관계를 이야기할 때는 공격성과 경쟁을 빼놓을 수 없다. 경쟁(rivalry)이란 말은 'rivalis'라는 라틴어에서 유래했는데, 이는 '한 개울에 대한 권리'를 의미한다고 한다. 한 개울을 가지려고 싸운다……. 형제에게 한 개울이란 무엇일까? 부모의 사랑, 인정 혹은 가정에서의 지위, 재산, 권리인가? 그것을 위해 형제는 경쟁하는 것인가? 그러나 형제가 보이는 공격성과 경쟁은 단순하지 않을 뿐더러 그 이유도 결코 단

순하지 않다.

　간혹 형제의 공격성이 극단적으로 나타나 한 형제의 존재 자체가 다른 형제의 안전을 위협하기도 한다. 마치 적진에 들어와 있는 듯 살기마저 느껴지는 경우도 있다. 피를 나눈 형제이지만 적의를 갖기도 한다. 오로지 형제에게 가해를 하고 형제를 이기기 위해 성취를 하는 사람도 있다. 형제를 그렇게 증오하게 된 그 시작이 어디인지도 모를 만큼 너무나 오래된 역사를 가진 경우도 종종 있다. 물론 이런 경우는 극단적이고 매우 드물지만, 그렇다고 소설이나 영화에만 나오는 이야기는 아니다.

　어쨌든 형제는 늘 다툰다. 어찌 보면 형제의 상호작용에서 공격성을 빼놓고 이야기할 수 없는지도 모른다. 형제의 상호작용의 빈도를 관찰해 보아도 싸움이 가장 높게 나온다. 아마도 친구 관계나 연인 관계에서 형제 관계처럼 원색적으로 싸운다면 그 관계는 오래 가지 않을 것이다.

형제는 왜 늘 다툴까

　형제의 경쟁은 크게 두 가지 원인에서 발생한다고 할 수 있다. 하나는 애정이든 인정이든 돈이든 부모에게서 보상을 얻기 위한 것이다. 또 하나는 형제가 세운 기준, 예컨대 성취 혹은 행동 기준 등을 상대해서 자신의 위치를 찾기 위해서다. 부모의 보상을 차지하기 위해 경쟁하기도 하지만, 사회적 비교의 대상이 되기 때문에 경쟁하는 것이다.

어린 시절에는 조부모나 부모 등 성인이 종종 형제의 경쟁을 부추기기도 한다. 형제의 경쟁은 대개 어느 한 자녀에 대한 성인의 선호로 인해 시작된다. 선호는 일종의 사회적 비교를 가져오는데, 사회적 비교에는 외현적 비교와 내재적 비교가 있다. 외현적 비교란 직접적으로 비교하는 경우다. 부모 혹은 다른 성인(조부모, 교사 등)이 때때로 긍정적이고 바람직한 행동의 모델로 한 형제를 들 수 있다. "얘를 보렴. 너도 네 형(아우)만큼 할 수 없겠니?" 하는 식이다.

이렇게 부모에게 선택된 형제가 부모의 승인 내지 애정을 더 받고 있다고 다른 형제는 생각한다. 어떻게 그렇게 생각하지 않을 수 있겠는가. 부모의 선택이 곧 애정의 척도가 되는 것이다. 그러면 선택받지 못한 자녀는 어떻게 해야 하나. 부모의 승인과 애정을 위해 형제와 경쟁해야 하나, 아니면 포기하고 살아야 하나.

어떤 부모는 왜 이런 것이 꼭 형제의 경쟁을 불러일으킨다고 하는가 반문할지도 모른다. '그저 좋은 본보기를 든 것인데' 하면서. 하지만 그 좋은 본보기를 따라가야 하는 아이로서는 목표가 되는 형제를 경쟁 대상으로 삼을 수밖에 없다. 어떤 아이는 부모가 원하는 최고가 될 수 없다면 최악이 되는 선택을 하기도 한다. 최소한 그쪽으로는 형제를 이길 수 있지 않겠는가, 형제보다 뛰어날(?) 수 있지 않겠는가 하면서.

이처럼 외현적 비교만 문제가 되는 것은 아니다. 부모가 형제를 다르게 대하는 행동을 보며 형제가 서로 비교하는 내재적 비교 또한 문제가 된다. 아이들은 자신과 다른 형제가 부모로부터 얻는 도움과 관심을 비교한다. 그리고 부모가 형제 중의 누군가를 더 선호하는 모습을 보일 때 형제 관계에 감정적 갈등이 생긴다. 성인에 의해 일어나는 이런 식의 형제 경쟁이 어린 시절에만 국한되는 것은 아니다. 평생을 가기도 한다.

형제를 비교하는 것은 주로 부모지만 학교, 지역 사회처럼 가정 밖의 기관도 형제를 비교해 형제의 경쟁을 지속시킨다. 어떤 이유로든 비교당하는 것은 별로 유쾌하지 않다. 특히 함께 사는 형제와 끊임없이 비교된다면 삶 자체가 경쟁이 될 수밖에 없다.

시몬 드 보부아르의 동생처럼 가정에서나 학교에서나 늘 언니와 비교된다면 그 삶은 어떠할까. "나는 어느 누구와도 비교된 적이 없다. 그러나 여동생은 늘 나와 비교되었다"라는 보부아르의 말은 자신과 여동생의 다른 처지를 극명하게 보여 주고 있다. 보부아르의 여동생은 이길 수 없는 상대(이미 전설이 되었기에)와 경쟁하면서 상처받아야 했다. 저녁이면 종종 그녀는 울고 앉아 있었다. 그녀의 이런 행동마저 잘 삐치는 성격으로 치부되어 극복해야 할 또 다른 열등감이 되었다.

비교, 경쟁, 그리고 열등감·····

비교는 주로 성취, 지능, 신체적 매력, 사회적 효능감, 성숙 등에서 이루어진다. 그 가정과 사회가 어디에 가치를 두느냐에 따라 비교의 차원이 달라질 수 있다. 특히 성취는 우리를 가장 괴롭히면서 평생 비교되고 거론되는 부분이다. 언제 걷기 시작했는지 언제 말을 시작했는지와 같은 발달적 성취, 성적이 어느 정도인지 어느 대학에 들어갔는지 등의 학업적 성취, 그리고 최근에는 날씬한 체형과 매력적인 외모를 가졌는지의 신체적 매력에 이르기까지 형제, 아니 모든 사람과 비교된다.

앞에서도 밝혔듯이 형제와 자신을 비교하는 것에는 이런 사회적 비교뿐만 아니라 내적 비교도 있다. 사회적 비교 못지않게 자신을 괴롭히는 것이 바로 이 내적 비교다. 아이는 스스로 자신과 형제를 모든 면에서 비교하며 경쟁한다. 옆에서 누가 뭐라 하든 하지 않든 형제와 자신을 끊임없이 저울질하며 상처받는다. 형제와 함께 성장하는 것만으로도, 형제를 옆에서 보는 것만으로도 영향을 받는다고 하지 않았는가.

부모와 형제는 자존감과 자기 평가의 발달에 영향을 준다. 자신이 어떤 사람이고 어떤 능력을 가진 사람이라는 평가에서 형제가 비교 기준이 되는 것이다. 다섯 형제의 막내이던 한 남자는 자신이 어떤 사람인가에 형들이 큰 영향을 주었다고 한다. 형들은 공부는 물론 운동도 잘했고, 지금은 다들 그럴듯한 위치에 올라 있다. 형들은 그런 모든 것을 그리 큰 노력을 들이지 않고 얻는 듯이 보였다. 하지만 그는 형들과 보조를 맞추기 위해 끊임없이 노력해야 했다. 형들이 놀고 있을 때에도 이를 갈면서 책과 씨름했다. 형들은 그를 주워 온 아이라고 놀렸다. 성인이 된 지금도 그는 일에 미쳐 산다.

솔직히 이야기하기 어려운 형제간의 갈등

형제와 비교하며 열등한 위치에 있다고 느끼는 아이는 상처를 받고 다른 형제에게 원한과 나쁜 감정을 가질 수 있다. 그러면 그 대상이 되는 다른 형제는 무엇을 느낄까? 그 형제 역시 원한을 가질까? 어떤 형제는 다른 형제가 자신과 경쟁한다는 사실도, 그래서 나쁜 감정을 갖는다는 사실도 모른다. 당연히 다른 형제가 열등감을 갖고 있다는 사실도 모른다. 사실 어떤 때는 다른 형제의 이런 무지가 열등하다고 느끼는 형제를 더 분노케 할지도 모른다. 다른 형제는 자신이 무슨 일로 고통받고 있는지조차 모르니 말이다.

왜 그럴까? 그 이유는 형제가 이런 문제를 솔직히 이야기하지 않기 때문이다. 형제에게 '나는 너에게 열등감을 갖고 있다'고 말할 수 있을까? '너 때문에 내가 고통받고 있다'고 말할 수 있을까? 그리고 어찌 '나는 너와 경쟁한다'고 이야기할 수 있겠는가. 형제의 경쟁은 사회에서나 가정에서나 일종의 금기와 같다. 형제의 우애는 사회의 기본 윤리이고 덕목이다. 형제는 무조건 잘 지내야 한다는 것이 가정과 사회의 메시지다. 그래서 형제는 경쟁과 관련된 것을 억압하며 대체로 무의식적으로 행동할 수 있다. 다시 말해 '내가 이렇게 애쓰고 있는 것이 너를 이기기 위한 것이야'라고 말할 수도 없고, 또 본인도 그렇게 의식하지 않는다는 것이다. 형제와의 경쟁을 솔직히 이야기할 수 있는 가정 분위기라면 애초부터 그런 경쟁 관계에 놓이지 않았을지도 모른다. 어쨌든 능력 있는 형제는 그렇지 못한 형제에게 원한을 갖기보다는 불편함과 양면적인 감정을 느낀다고 한다. 이유도 모르는데 자신에게 끊임없이 치고 올라오는 형제와 어찌 편하게 지낼 수 있겠는가.

아마도 형제의 경쟁과 증오는 오랜 역사를 가지고 있을 것이다. 몇 번의 적대적 충돌에 기인하기보다 오랜 시간의 부정적 경험이 누적되면서 서서히 경쟁심과 증오심을 갖게 될 것이다. 그러기에 형제의 갈등과 경쟁의 원인이 단순하지 않은 것이리라. 또한 형제의 갈등과 경쟁의 원인이 형제뿐만 아니라 다른 모든 가족과 관련된 것이기에 간단하지 않으리라.

때로는 가족 안에서 형제에게 역할을 할당함으로써 경쟁을 부추기기도 한다. 대표적인 것이 '영리한 아이' 대 '바보 같은 아이'다. 그런 명명이 특정 아이에게 한번 붙으면 모든 가족 활동, 대화 등이 그것을 중심으로 이루어진다. 마치 한 자녀를 집안의 재수 없는 아이로 낙인찍어 모든 문제와 어려움을 그 아이 때문에 생기는 양 몰아가는 것과 비슷하다. 머리가 좋은 아이는 뭐든 잘할 수 있다고 여기고, 바보로 낙인찍힌 아이는 뭐를 해도 놀리며 작은 실수도 부풀리고 비난하는 식이다. 또한 아이들은 점차 자신에게 주어진 역할에 맞게 행동하게 된다. 마치 기대에 부응하듯 말이다. 때때로 가족은 얼마나 잔인한 집단인가.

그러나 형제의 경쟁이 모두 나쁘고 부정적인 것만은 아니다. 오히려 건설적일 수도 있다. 형제를 놀리고, 귀찮게 하고, 경쟁하는 많은 행동이 해를 가져오기보다 일종의 재미와 자극이 될 수도 있다. 문제는 그 선을 누가 어디서 긋느냐일 것이다. 한 형제는 충분하다고 생각하는데 다른 형제는 충분하지 않다고 생각한다면 다른 형제의 행동은 상대에게 상처를 줄 수 있다. 이것도 일종의 불일치한 상호작용이다. 서로의 행동에 대한 이해와 감정의 차이에서 오는 불일치라고 할 수 있다. 마구 화를 내는 형제에게 다른 형제가 어처구니없다는 표정으로 "장난이었어. 넌 농담도 이해 못하니? 참 속도 좁구나" 하고 말한다면 기분이 어떨까. 누가 잘못한 것인가. 과도하게 반응한 형제가 잘못한 것일까, 아니면 상대를 그 지경으로까지 몰고 간 형제가 둔감한 것일까?

부모는 형제의 갈등에 개입해야 할까

형제의 갈등에서 부모의 역할은 무엇일까? 부모는 아이들이 다투면 개입하기 일쑤다. 그러나 대부분 싸움과 논쟁을 해결하기보다 강압적으로 상황을 종결시킨다. 아무도 행복하지 않고 아무도 만족하지 않는다. 부모는 부모대로 지치고 아이들은 아이들대로 불만이 쌓인다. 특히 부모의 개입이 한 형제를 봐준 듯 다른 형제에게 보일 때 결과는 더욱 좋지 않다. 불행히도 많은 경우 부모가 객관적이고 공평하게 다툼을 종결시키지 못한다. 많은 경우 어느 한쪽을 편들고 만다. 의도했든 하지 않았든 말이다. 부모가 미숙한 탓일까.

　부모가 형제의 갈등에 개입하는 문제는 그리 간단하지 않다. 어떤 이들은 부모의 개입이 오히려 형제의 갈등을 증가시킨다고 한다. 형제의 다툼 자체가 부모의 주의를 끌기 위해서라는 것이다. 물론 아이들이 어렸을 때라면 가능하다. 그러나 아이들이 성장하면 부모의 주의를 끌기 위해 논쟁이나 싸움을 하지는 않을 듯싶다. 혹시 부모나 형제를 괴롭히기 위해서라면 모를까.

　또한 부모가 개입함으로써 아이들 스스로 갈등을 해결할 기회를 갖지 못하기 때문에 좋지 않다고도 한다. 죽이 되든 밥이 되든 싸우면서 자기들끼리 타협과 해결을 보는 것과 중간에 부모가 개입해 힘과 권위를 내세우며 해결을 강요하는 것은 다를 것이다. 하지만 아이들끼리 시끄럽게 싸우면서 해결할 때까지 기다려 줄 부모가 얼마나 될까. 그런 소란을 날마다 인내해 줄 부모가 얼마나 될지. 또 부모가 그렇듯 인내해 주면 형제 스스로 해결할 기회를 갖고 갈등은 사라지게 되는 것인가. 정말 그런 것인가.

형제 관계도 변한다

형제 관계도 다른 관계와 마찬가지로 시간과 함께 변화한다.
어린 시절 놀이 친구로 친밀하게 지내다가
성장하면서 각자의 생활을 갖게 되고,
성인이 되면 배우자와 자녀에게 헌신하면서
형제와는 많이 소원해진다.

학교 들어가기 전 거의 모든 시간을 함께 보내는 어린 형제의 관계는 강한 편이다. 싸우고 다투면서도 한쪽이 없어지면 그리워하고, 찾고, 함께 있으려 한다. 그런데 위 형제가 학교에 들어가고 또래와 관계를 형성하면 형제 관계는 어떻게 될까? 형제 모두 인지적, 사회적, 정서적, 신체적으로 성장하고 변화하는데, 그에 따라 형제 관계도 변하지 않을까?

형제와 어머니를 면담하거나 관찰한 결과 아동기에 들어서도 여전히 형제간의 갈등, 질투, 공유, 동료 의식, 양면성 등은 지속된다. 또래 친구들과 달리 형제와의 놀이에서 보호자, 지배자의 역할 혹은 추종자의 역할이 지속된다고 한다. 이런 경험은 또래 관계에서 경험하는 것과는 다르다.

형제간의 애정과 갈등은 별개 문제?

성장하면서도 형제 관계의 애정과 적대감은 여전하다. 형제는 애정, 위안, 도움을 주지만 여전히 적대적이고 다툼이 끊이지 않는 관계다. 재미있는 것은 형제 관계의 이런 특성들이 여전히 서로 관련이 별로 없다는 것이다. 다시 말해 애정과 위안을 많이 주고받는 형제라고 해서 적대적이지 않고 갈등이 없는 것은 아니라는 얘기다. 반대 경우도 마찬가지다. 애정이 별로 없는 형제라고 해서 반드시 갈등이 많거나 적대적인 것은 아니다. 즉 형제의 애정만을 보고 그 반대의 행동을 예측할 수 없고, 형제의 적대적 혹은 공격적 행동만 보고 애정을 예측할 수 없다.

도대체 형제 관계란 일관성이 없는 것인지, 아니면 그런 일관성은 필요가 없는 관계인지. 그런 점에서 형제 관계란 정녕 감정적이면서 불합리한 관계란 말이 맞는지도 모른다. 또한 그런 점에서 형제 관계란 복잡하고 모호한 관계인지도 모른다. 서로 어디서 갈등의 매듭이 생기고 어떻게 생기는지 알 수 없는 관계라고나 할까. 그리고 종종 매듭이 그냥 어디선가 풀려 버리는 관계이기도 하다. 물론 언제나 그렇게 풀리는 것은 아니다.

청소년기의 형제들도 마찬가지다. 청소년기의 형제들이 서로를 어떻게 생각하는지 알아보기 위해 면담한 결과를 보면, 일반적으로 청소년기의 형제는 자신과 형제를 매우 다르게 인식한다. 또한 형제 관계의 여러 특성들간에 관련이 없다. 형제가 느끼는 적대감과 갈등이 질투, 친밀감 혹은 상대적 지배성 같은 특성과 별로 관계가 없다. 아동기의 형제들도 비슷한 결과를 보인다.

사실 아동기 이후 청소년기 형제에 대한 관찰 연구는 거의 없다. 6세 이후의 형제에 대한 관찰 연구도 별로 없는 편이다. 그런데 드물게 행해진 한 관찰 연구에 의하면 형제의 많은 활동이 모방이라고 한다. 특히 연속적으로 서로를 모방한다는 것이다. 한 아이가 한 것을 곧바로 다른 아이가 모방하는 것이다. 이런 상호적인 모방은 형제간의 경쟁을 반영한다. 한 아이가 다른 아이의 행동을 모방하는 것은 자신도 할 수 있다거나 혹은 더 잘한다는 것을 보여 주기 위해서다. 그러나 연속적인 모방은 오히려 형제간의 밀접한 흥미와 단합을 보여 주는 것이라고도 할 수 있다.

4~16세 아이의 모방은 학령전기(입학 전 시기) 아이의 모방과 비슷한 것으로 결국 어린 형제나 큰 형제나 서로의 행동을 모방하는 것이다. 그런 점에서 형제는 좋든 나쁘든 서로에게 모델이 된다고 할 수 있다. 또한 형제의 사회화에 서로 영향을 주는 존재임에 틀림없다. 이 때도 여전히 적대감과 반감이 드러나지만, 신체적 싸움으로 나타나기보다 비웃고 놀리고 흠잡는 행동으로 나타난다.

학령전기에 형제의 놀이와 갈등은 형제에게 서로를 이해하고 사회적 규칙을 이해하는 중요한 맥락이 된다. 역시 아동기에도 놀이와 논쟁은 중요하다. 스위스의 심리학자 피아제는 아이들간의 논의와 논쟁이 도덕적 발달에 중요하다고 했다. 성인과의 관계와는 달리 아이들끼리는 비교적 평등하기 때문에 게임을 하거나 갈등을 해결할 때 어른이 없는 경우 상대 입장과 사회적 규칙을 고려해야만 한다. 그런 점을 고려하지 않는다면 그 갈등과 논쟁은 해결되지 않을 테고, 갈등이 해결되지 않으면 놀이는 중단될 테니 말이다. 계속 놀고 싶다면 어느 선에서든 타결을 보아야 한다.

피아제와 배경은 다르지만 안나 프로이트 역시 처음 정의에 접근하게 되는 것이 형제 관계를 통해서라고 했다. 그럴지도 모른다. 자신의 장난감을 뺏고, 때리고, 놀리는 위 형제를 보면서 힘과 부당함, 그리고 무력함을 느낄 테니 말이다. 영국의 여권신장론자 메리 울스턴크래프트처럼 부모의 불평등한 대우로 인해 질투와 불평등을 먼저 배운 사람도 있으니 말이다. 그리고 그것이 어쩌면 그녀를 여권신장론자가 되게 했는지도 모른다.

사실 형제와 부모 사이의 많은 논쟁은 공평함과 관련이 있다. 부모가 형제를 평등하게 대하고, 가정의 자원을 평등하게 분배하고, 또한 규칙을 평등하게 적용하는 것 등 말이다. 안나 프로이트는 권리, 규칙, 도덕적 의무 같은 문제를 가족이 함께 논의하는 것이 아이의 태도 형성에 중요하다고 했다. 가끔 자신이 충분히 받지 못해서가 아니라 다른 형제가 더 받기 때문에 문제가 되기도 한다. 그것은 분명 부모의 다른 대우이고, 그로 인해 형제의 경쟁이 생긴다. 공평하다는 것은 참으로 어려운 문제다.

학령전기를 지나 아동기로 들어서도 형제 사이에는 여전히 모방, 불일치한 상호작용, 그리고 억제되지 않은 감정적 교류가 그대로 지속된다. 성장한다고 해서 형제와의 사회적 비교가 줄어드는 것은 아니기 때문이다.

학교에 들어가면서 또래 관계는 아이의 자존감에 가장 중요한 것이 된다. 그래서 형제의 평가보다 또래의 평가가 더 중요해진다. 그런데 형제와의 경험이 또래와의 관계와 어떤 연결이 있을까? 불행히도 이에 대한 자료는 별로 없다. 일부 있는 자료마저도 일관적이지 않다. 또래와의 관계에도 역시 여러 요인이 영향을 준다. 아이의 성격, 부모와의 관계, 학교, 형제와의 경험 등등. 이에 대해서는 뒤에서 언급할 것이다.

청소년 후기와 성인 초기에 특히 형제의 경쟁이 높아진다고 한다. 이 시기에는 성인의 비교나 다른 대우로 인한 경쟁과는 다른 종류의 경쟁이 더 자주 나타난다. 그것은 바로 형제 자신이 시작하는 경쟁이다. 이 시기는 직업과 관련된 성취, 그리고 정체성이 높이 평가받는 시기이기 때문에 각자의 성취가 비교되기 쉽다. 그러나 형제 각자가 자신의 전문 영역을 발견하면 경쟁은 사라진다고 한다. 어쩌면 전문 영역을 발견하는 것만으로는 충분하지 않을지도 모른다. 각자의 영역에서 만족스러운 성취를 얻을 때 비로소 경쟁이 사라지지 않을까? 그런데 그 성취라는 것이 누구에게 만족스러운 것일까? 자신의 눈에? 형제의 눈에? 부모의 눈에?

세월 따라 변하는 형제 관계

형제 관계도 다른 관계와 마찬가지로 시간과 함께 변화한다. 형제는 어린 시절 많은 시간을 함께 보내면서 친밀한 관계를 보이다가 성장하면서 각자의 독립된 생활을 갖게 된다. 성인이 되면 배우자와 자녀에게 헌신하면서 형제와는 많이 소원해진다. 그리고 자녀가 다 성장하고, 부모의 질병이나 고령으로 부모를 돌봐야 할 시기가 되면 다시 친밀한 관계를 갖는다. 물론 어떤 형제는 이런 문제로 갈등과 다툼을 겪기도 한다.

나이가 들면 사회적 접촉이 감소하면서 형제가 각자의 사회적 지지망(가족, 친구, 친지, 이웃 등과 같은 자신의 사회적 관계 네트워크)에서 중요한 존재가 되기도 한다. 또한 형제간에 물리적, 정서적, 심리적 혹은 재정적 지원이 제공되기도 한다. 물론 이것은 일반적인 변화다. 어떤 관계로 발전할지는 형제마다 다르다.

형제 관계는 애정과 증오라는 양면성에 뿌리를 둔다고 했다. 어떤 형제 관계는 그 양면성이 희미하게 나타나고 어떤 형제 관계는 너무나 극명하게 드러난다. 형제마다 그 색깔과 명암이 다르다. 다른 어떤 인간 관계보다 감정적이고 불합리한 형제 관계는 그래서 많은 이에게 스트레스를 주는지도 모른다. 사실 스트레스를 주지 않는 인간 관계가 어디 있으랴. 그 중에서도 형제 관계는 쉬운 관계인 듯하면서도 어려운 관계인 듯하다.

이 세상의 누구보다도 가까울 듯하고 일치할 듯하면서 형제끼리

이리도 어긋나는 이유는 뭘까? 그것은 형제 관계에 있는 우리가 너무나 다르기 때문이다. 그리고 또 형제 관계에서의 다른 경험이 우리를 다르게 만들었기 때문이다. 같은 관계 아래서도 우리는 다른 곳을 보고 다른 것을 선택하는지도 모른다. 그렇게 서로 다른 지점을 두드리며 수많은 엇갈림 속에서 우리는 결국 전혀 다른 길로 가게 되는지도 모른다. 서로 다른 길을 가고 다른 선택을 하도록 서로 도와 주고 자극했는지도 모른다. 그것이 지금 전혀 다른 길에 서 있는 우리의 모습을 가져왔는지도 모른다. 형제마다 갖는 그 특수한 다른 경험이 무엇인지 모르기에 우리는 형제를 이해하기 힘들었는지도 모른다.

4

가정 밖의 세상에서
형제는 어떤 경험을 할까

가정 밖의 세상에서 형제는 어떤 경험을 할까

아이가 성장할수록 가정 밖에서 보내는 시간은 점점 더 많아진다.
이 때 아이가 갖는 경험은 분명 가족과 공유하는 경험이 아니라
아이 자신만의 독특한 경험이 될 것이다.

지금까지 가정 안에서 벌어지는 부모와 형제 관계를 이야기했다. 공유하고 있다고 믿은 가족 관계에서 형제는 다른 경험을 하고 있었고, 이 공유하지 않은 경험이 아이의 발달에 영향을 준다는 것을 알았다. 가정과 부모를 형제가 공유하고 있고, 그래서 모든 아이에게 비슷하게 영향을 주었을 것이라는 당초의 믿음과는 많이 달랐다.

우리에게는 다른 믿음도 있다. 그 가운데 가장 큰 것이 생애 초기 경험이 발달에 결정적이라든가 아니면 대단히 중요하다는 것이다. 그래서 초기의 부모-자녀 관계, 특히 어머니-자녀 관계의

중요성이 늘 강조되었다. 한 가족인 아버지나 형제는 늘 배경처럼 희미하기만 한 존재였다. 대부분의 발달 이론과 연구들은 유아기부터 청소년기로 한정되어 있었다. 그 이유는 인간의 발달은 청소년기에 완성된다고 보았기 때문이다.

1970년대 들어 성인기와 노년기까지를 포함하는 전 생애(life span) 관점이 생겨났고, 잊혀진 아버지를 다시 찾는 움직임도 일어났다. 1980년대 들어 형제에 대한 연구가 활발해졌지만, 아직 체계적인 연구는 많지 않다. 우리의 전 생애를 생각한다면 청소년기 이후의 시간이 얼마나 긴가. 우리는 얼마나 오래 더 살아가야 하는데. 그런데 그 많은 시간이 발달이나 성장이란 이름 아래에서는 고려될 수 없단 말인가.

어린 시절의 경험은 중요하다. 그러나……

최근 들어 이런 생각이 변하고 있다. 초기 경험의 절대적인 힘이 약화되면서 후기 경험의 중요성이 떠오르게 되었다. 후기의 경험이 초기 경험을 좋은 방향이든 나쁜 방향이든 변화시키는 문제에 관심이 집중되고 있다. 어린 시절에 어떤 경험을 하든 후기에 모두 변화시킬 수 있다는 건 아니다. 그러나 이제 더 이상 어린 시절의 손상된 발달은 치유되지 않고 평생 우리를 옭아매는 사슬이 아니다. 아동기 이후에 어떤 경험을 하느냐에 따라 그 사슬이 끊어질 수도 있다. 물론 자국은 남겠지만 말이다. 마찬가지로 어린

시절의 좋은 경험이나 성장이 더 이상 아동기 이후의 안전을 보장
해 줄 수 없다. 출발이 좋다고 반드시 끝이 좋은 것은 아니다. 물
론 다른 사람보다 유리한 출발점에 서기야 하겠지만.

아동기를 거쳐 청소년기, 성인기에 이르면 형제 차이는 더욱 벌
어진다. 성격과 같은 심리적 특성은 말할 것도 없고 그나마 유사
성을 보이던 지능과 학업 성취에서마저 형제는 달라진다.

아이는 성장할수록 가정 밖에서 보내는 시간이 점점 더 많아진
다. 이 때 아이가 갖는 경험은 분명 가족과 공유하는 경험이 아니
라 아이 자신만의 독특한 경험이 될 것이다. 가정 밖의 대부분의
경험은 아이에게 특수한 것이다. 학교를 졸업하고, 직장을 갖고,
집을 떠나고, 이성 친구를 사귀고, 결혼을 하는 등 모든 중요한 사
건이 아이마다 다르고 그래서 다른 영향을 준다.

가정 밖에서는 무슨 일이 있나

좋은 대학에 간 형제가 가지 못한 형제의 위치를 이해할 수 있을까?
이런 선택이 각자에게 얼마나 다른 영향을 주고
다른 결과로 나타날 수 있는지
상상이나 할 수 있을까?

지금은 우리 나라에도 의무 교육 제도가 있어서 누구나 어느 정도의 교육은 받게 되지만, 19세기와 20세기 초 서구 사회에서 학교교육은 모든 형제가 누릴 수 있는 혜택이 아니었다. 그런 탓으로 학교가 종종 형제의 세계를 분리하는 경계가 되곤 했다. 한 아이가 학업을 위해 가정을 떠나면서 형제의 세계로부터 떠나게 된다. 외부 세계로부터 돌아올 때는 이미 떠나기 전의 모습이 아니다. 영국의 여류 소설가 조지 엘리엇은 학교가 자신과 오빠를 갈라 놓았고 다시는 자신들만의 세계로 되돌아갈 수 없게 만들었다고 했다. 괴테 역시 여동생과 친밀한 관계를 가졌지만, 열 여섯 살에 학업을 위해 프랑크푸르트로 떠났다. 그것은 괴테에게 흥분과 감격을 가져다주었지만, 여동생에게는 불행의 시작이었다.

이제 학교는 누구나 가야 한다. 그것이 예전처럼 형제를 극적으로, 그리고 영원히 갈라 놓는 사건은 아니다. 그럼에도 불구하고 학교에 들어가면서 형제의 세계는 달라지기 시작한다. 형제가 같은 학교 혹은 비슷한 학교를 다니고, 비슷한 가정교사에게 과외를 받고, 같은 스포츠센터에 다닐지도 모른다. 그러나 형제가 가정 밖에서 만나는 사람들이나 접하는 상황은 제각각 다를 수 있다. 아니 가정 밖의 대부분의 경험은 각 형제에게 특수하다.

우리 나라의 경우 대학 진학은 형제에게 큰 차이를 가져올 수 있다. 우리 나라처럼 대학에 목숨(?) 거는 나라도 많지 않을 것이다. 대학 졸업 여부에 따라 사회에서의 기회가 달라지기 때문이다. 특히 이른바 명문 대학에 들어가기 위해 모두 전쟁 아닌 전쟁을 치르고 있다.

형제가 모두 명문 대학에 들어가는 것은 정녕 모든 부모의 꿈일 것이다. 명문 대학에 들어가면 아이는 보다 나은 환경, 보다 좋은 기회를 제공 받음으로써 보다 나은 결과로 이어질 가능성이 높다. 대학이 전부는 아니라고 하지만 대학으로 인해 우리의 삶이 커다란 분기점을 맞는 것은 사실이다. 대학을 간다고 모든 것이 자동으로 해결되는 것은 아니지만, 일단 기회에서 차이가 날 수 있다. 좋은 기회를 얻는다고 다 잘되는 것은 아니지만, 기회조차 얻지 못하는 것과는 분명 다르다.

좋은 대학을 가지 않은 것이 기회의 상실을 의미하는 것은 아니다. 분명 그것은 다른 기회를 의미할 것이다. 그러나 선택의 여지가 많지 않은 것이 우리 나라의 현실이다. 좋은 대학을 간 형제가 가지 못한 형제의 위치를 이해할 수 있을까? 그 형제가 앞으로 얼마나 많은 사회의 제한과 편견 속에서 싸워 나가야 하는지 짐작이나 할 수 있을까? 그리고 이런 선택이 각자에게 얼마나 다른 영향을 주고, 다른 결과로 나타날 수 있는지 상상이나 할 수 있을까?

아이의 발달에 영향을 주는 가정 밖의 주요한 경험에는 친구 관계, 교사와 다른 성인들, 이성 관계와 성, 직장, 배우자와 부모가 되는 경험 등이 있다. 경험의 차이는 있을지언정 대부분 겪게 되는 주요한 생활 사건들이다. 형제뿐만 아니라 모든 사람이 이런 사건을 언제, 어떻게 겪었느냐에 따라 개인의 삶은 달라질 수 있다. 이런 사람들과 언제, 어떤 관계를 갖느냐는 아이의 발달에 큰 영향을 준다.

가정 안에서는 무슨 일이 있나

가정 밖에서 형제가 갖는 다른 사회적 관계가 형제의 삶에 어떤 차이를 가져올까? 가정 밖의 경험을 살펴보기 전에, 가정 안에서 아이에게 중요한 영향을 주는 사회적 관계를 보자. 그것은 출생 후 1년 이내에 아이와 부모 간에 이루어지는 애착 관계다. 애착 형성의 결과는 후에 아이의 정서적 안정성과 대인 관계의 중요한 기초가 된다. 부모와 정서적 유대 관계가 잘 형성되었을 경우 '안정 애착' 이라고 하며, 유대 관계가 잘 형성되지 못했을 경우 '불안정 애착' 이라고 한다.

부모와의 애착이 중요한 이유는 부모가 아이에게 의지할 수 있는 일종의 안전 기지 역할을 하기 때문이다. 두렵고 낯선 세상에 서서히 적응하며 세상을 알아 가는 데 부모는 나침반과 같은 역할을 한다. 나침반이 제 기능을 할 때 아이는 자신 있게 세상이란 바다를 항해할 수 있지 않겠는가.

그런데 그 안전 기지가 불안하거나 역할을 제대로 하지 못해 믿을 수가 없다면 아이는 어떻게 해야 할까? 생애 초기 부모와 불안정한 애착을 형성한 아이는 인지적·사회적 능력이 떨어진다. 아이는 위축되어 주변 탐사를 잘 하지 못할 뿐더러 하려고 들지도 않는다. 어떤 아이는 부모 주변에서만 불안하게 서성이며 부모와 떨어지려고 하지 않는다. 어떤 아이는 아예 세상을 향한 문을 닫고 냉담해진다. 이런 아이들은 인지적 능력만 떨어지는 것이 아니라 사회 정서적으로도 미숙해 사람들과 잘 지내지 못한다. 부모와의 불안한 상호작용에서 불안, 초조 혹은 분노하는 아이로 성장한다. 사람들과 잘 지내지 못하는 아이는 더욱 위축되고, 자신 없어 하고 더욱 회피하려고 할 것이다. 한마디로 악순환이다.

그러면 늘 이런 악순환 속에서 살아야 하는가? 그렇지 않다. 비록 부모와 관계가 좋지 않았다 해도 가정 밖에서 전혀 다른 기회를 갖는 아이도 있다. 아이가 친구나 다른 성인과 친밀한 관계를 형성할 수 있다. 부모를 대신할 수 없지만 가정 밖에서의 친밀한 관계는 부모와 형성되지 않은 애착 관계를 보상해 줄 수 있다. 첫 번째 안전 기지는 역할을 제대로 하지 못했지만 두 번째 안전 기지가 역할을 대신할 수 있는 것이다. 이런 경험은 아이의 사회적 · 정서적 발달에 긍정적 영향을 준다.

극단적으로 형제 모두 부모와 불안정 애착을 형성했다고 해 보자. 형제의 사회적 기술이 모두 빈약해서 어떻게 또래와 관계를 시작하고 유지해야 할지 모른다고 말이다. 그런데 형제 중 한 명은 좋은 교사를 만나 교사의 배려와 도움으로 학교 생활에 서서히 적응해 나간다. 그런데 다른 한 명은 교사와 또래의 무관심 혹은 배척 속에서 학교를 다닌다. 불행히도 이 아이에게는 두 번째 기회가 오지 않은 것이다.

형제는 같은 학교를 다니지만 그 경험은 전혀 다를 것이다. 한 형제는 교사를 통해 다른 성인과 애착 형성의 기회를 갖는 것이고, 다른 형제는 애착 형성의 기회나 대상이 여전히 없는 것이다. 한 아이에게는 삶의 새로운 전기를 맞을 수 있는 기회가 온 것이다. 배려 깊은 교사를 만나 사람들을 사귀고 더불어 함께 지내는 법을 배우게 된 것이다.

형제와 또래 — 주어진 관계와 선택된 관계

아이의 또래 관계는 형제만큼 아이의 삶에 중요하다. 성인에게 일이 중요하듯 아이에게는 놀이가 중요하다. 또래 관계는 놀이를 중심으로 형성된다. 아이들은 또래 관계에서 여러 사회적 규칙을 자기들 방식으로 획득하고, 자기 가치를 확인하고, 정서적 지지를 얻는다. 또래 관계는 아이가 앞으로 가족 이외의 다른 사람들과 관계를 갖는 데 중요한 영향을 줄 수 있다. 또한 또래 관계를 통해 아이들은 성인과의 관계에서 경험할 수 없는 많은 것을 배우게 된다. 심리학자들은 또래가 자존감, 정서적 적응, 사회적 효능의 발달에 상당한 영향을 준다고 했다. 또래와 좋은 경험을 한 형제와 그렇지 못한 형제가 어떻게 같을 수 있겠는가. 형제의 삶이 어느 한 순간 극적으로 바뀌지는 않겠지만, 두 아이는 서서히 다른 길로 발을 들여놓으면서 어쩌면 다른 방향으로 가는지도 모른다.

그렇다면 한 가정의 형제는 비슷한 또래 관계를 가질까? 형제 관계와 친구 관계는 모두 인간 관계이므로 비슷한 형태로 나타나지 않을까? 그러나 형제 관계와 친구 관계는 다르게 나타난다. 형제는 서로가 선택한 관계가 아니다. 형제는 종종 서로를 신뢰하지 않으며 자주 경쟁한다. 반면 친구는 동료로서 서로를 선택하고, 신뢰하고, 서로에게 애정을 느끼는 사이다. 형제 관계가 단순하게 친구 관계로 확대되거나 이전되는 것은 아니다. 두 관계는 우리의 사회적 · 정서적 발달에 모두 중요한 영향을 주지만, 서로 다른 종류의 관계다.

형제는 연령 차이가 나기 때문에 또래 집단을 공유할 일은 별로 없다. 형제를 대상으로 또래 관계를 조사한 연구에 따르면 60% 정도가 자신의 또래 관계와 형제의 또래 관계가 다르다고 응답했다. 형제의 다른 또래 관계는 바로 형제의 공유하지 않은 경험이다. 또래 관계에서의 다른 경험은 형제의 발달에 다르게 영향을 줄 것이다. 또래 관계에서 형제 차이가 극적으로 드러날 수 있는 예가 나쁜 친구를 사귀는 것이다.

왜 한 형제는 문제가 없는 아이들과 친구 관계를 형성하는 데 다른 형제는 일탈된 아이들과 관계를 형성하는가. 친구 선택에서 형제의 차이가 갑작스럽게 일어나는 것은 아니다. 친구 선택에서의 형제 차이는 형제의 성격 차이에서 비롯될 수 있다. 위험하고 감각적인 것을 좋아하고 즐기는 아이는 다른 아이들보다 위험하고 일탈된 행동을 더 하게 되고, 그런 행동은 종종 비행 행동으로 이어질 수 있다. 그리고 아이는 일탈된 집단에 수용되고 그들에게 지지를 받을 것이다.

형제의 성격은 아주 다르다고 했다. 그리고 그 다른 차이의 일부는 형제의 환경과 함께 유전적 차이에서 온다고 했다. 결국 형제가 연속적으로 다른 선택을 하고, 다른 사건을 경험하고, 다른 종류의 친구를 갖게 되는 것도 성격의 차이, 그리고 그와 관련된 유전적 차이에서 오는 것이다.

한 순간의 실수로 모든 것을 잃은 듯 보일 수 있지만, 그 선택을 하기까지의 다양한 선택과 경험을 이전부터 서서히 하고 있었던 것이다. 예를 들면 본드 같은 약물 복용을 하다 붙잡히면 부모는 아이가 나쁜 친구를 만났기 때문이라고 한다. 하지만 아이는 이미 오래 전부터 흡연이나 음주와 같은 다른 일탈 행동을 해 왔을 가능성이 높다.

물론 과거의 경험이 결정적이고 중요하다는 의미는 절대 아니다. 다만 삶에서 우리는 다른 경험과 선택을 하면서 각자의 궤도를 서서히 그리며 살아간다는 것이다. 형제의 지금의 모습이 무엇이든 그것은 누적된 결과라는 것이다.

다른 선택, 달라지는 삶

우리의 작은 선택과 경험이, 그리고 주요한 이행기에서의 경험이
시간과 함께 누적되면서 점차 우리의 삶은 달라진다.
그래서 선택할 당시에는 그 누구도
그 의미와 영향을 제대로 알 수 없는지도 모른다.

우리의 발달에는 유아기와 초기 아동기뿐만 아니라 아동기 중반, 청소년기, 성인기, 그리고 노인기의 경험 등이 모두 중요하고 영향을 준다. 따라서 우리의 행동을 이해하기 위해서는 이제 전 생애에 걸쳐 우리가 무엇을 경험했는지 알아야만 한다. 물론 모든 것을 다 알 수는 없다. 그렇지만 우리의 발달에 중요한 영향을 주는 경험은 알아야 한다. 그것은 우리가 살아가면서 겪게 되는 주요한 생활 사건이다. 다른 도시나 나라로의 이사, 부모의 병이나 실직, 경제적 문제, 부모의 별거나 이혼 혹은 죽음, 가족의 사고나 죽음 등등.

같은 사건, 다른 스트레스

형제는 이런 생활 사건을 공유한다. 하지만 같은 사건이라도 형제에게 다르게 영향을 준다. 형제는 발달 단계와 인지적·사회적 특성 때문에 같은 사건을 다르게 경험하고 다른 영향을 받는다. 예를 들면 부모가 이혼을 할 때 아이는 연령이나 성별에 따라 다른 반응을 보인다. 상황을 잘 이해하지 못하는 어린아이는 부모의 이혼이 자신의 잘못인 양 생각하고 심리적으로 불안해하고 우울해하기도 한다. 반면 사춘기에 놓인 아이는 부모에 대한 불만을 학교에서 거칠고 파괴적인 행동으로 표출하기도 한다.

다른 발달 단계에 놓인 이 두 아이는 부모의 이혼을 다르게 이해하고 받아들이면서 다르게 영향을 받는다. 어린아이는 부모의 이혼에 대해 자신을 비난하며 위축되는 데 반해 큰아이는 부모를 비난한다. 이런 경우 성인들은 큰아이의 돌출 행동에 더 주목하고 반응하기 쉽다. 어린아이의 침울한 반응은 이혼에 따른 자연스런 현상으로 여기고 대수롭지 않게 넘길 수 있다. 형제의 다른 행동에 대한 성인의 다른 반응은 또다시 형제에게 다른 영향을 줄 것이다.

한 가족이 다른 지역으로 이사했을 때 누나는 일곱 살, 남동생은 세 살이었다. 남동생의 세계는 가족이 전부였기에 그 아이에게는 이사가 쉬운 경험이었다. 그러나 누나의 경우 그 시기가 소녀끼리 뭉치며 다른 사람에게 배타적인 시기였기에 새로운 학교에 적응하는 데 문제가 일어났다. 누나는 소녀들의 배타적인 태도에 적절하지 않은 반응을 해서 좋지 않은 별명까지 얻었고, 그 탓에 행복하지 않은 몇 년을 보내야 했다. 이처럼 같은 이사라도 형제는 다른 경험을 하고 다른 영향을 받는다.

이렇듯 형제는 생활 사건으로부터 받는 스트레스가 다르다. 같은 사건인데도 어떤 아이에게는 더 큰 스트레스가 된다. 이런 스트레스는 작은 물살이 모여 큰 힘을 발휘하듯 효과를 발휘한다. 마치 조그만 물방울이 모여 큰 개울이 되고 다시 폭포가 되듯이 말이다. 이런 일련의 사건을 경험하면서 점점 더 아이는 다른 형제보다 취약해질 수 있다. 이미 취약해진 아이에게 새로운 사건은 다른 형제보다 훨씬 더 큰 충격을 줄 수 있다. 이미 약해진 곳을 살짝 건드리면 터지는 것과 비슷하다고나 할까.

한 가정은 아버지가 직장 때문에 석 달 정도 집을 비워야 했다. 두 아이 중 첫째 아이인 오빠는 아버지를 몹시 그리워했다. 아버지가 집을 비운 사이 가족들은 자동차 사고를 두 번이나 당했으며, 도둑이 들었고, 이사를 하는 등 일련의 사건을 겪었다. 자동차 사고 중 한 번은 몹시 큰 사고로 상대방 운전자가 죽었는데, 두 아이 모두 차 안에 있었다. 이런 일련의 사건에 큰 영향을 받은 것은 첫째 아이였다. 오빠는 부모가 밖에 있으면 몹시 불안해했다. 게다가 이 아이가 가장 사랑하는 친할아버지가 돌아가시는 일까지 겹쳤다. 오빠는 서서히 손상을 보였지만, 여동생은 이런 일련의 사건에 짧고 즉각적인 반응을 보이는 것 외에는 다른 반응을 보이지

않았다. 좋은 의미든 나쁜 의미든 이런 변화에 어떻게 적응하느냐
는 개인마다, 그리고 형제마다 다른 것이다.

다른 선택, 달라지는 삶

이런 생활 사건 중에서도 우리의 발달 과정에서 중요한 이정표
가 되는 사건들이 있다. 우리 삶의 한 단계에서 다른 단계로 넘어
가는 일종의 이행기와 같은 사건이라고 할까. 예를 들면 학교에 들
어가거나 직장에 들어가는 일, 결혼, 부모가 되는 일 등은 우리의
삶에서 중요한, 그리고 어쩌면 결정적인 변화를 가져올 수 있는 사
건이다. 전 생애 관점의 심리학자들은 개인마다 이런 이행기의 변
화를 어떻게 겪느냐에 따라 다른 영향을 받는다고 했다. 그런 경
험이 누적되어 개인마다 그리는 발달 궤도가 달라진다는 것이다.
때때로 그런 생각을 해 보지 않는지. 그 때 내가 그 자리에서 '예'
가 아니라 '아니오' 라고 했다면 지금 내 삶은 얼마나 달라졌을까.
그 때 내가 그 학교가 아니라 다른 학교에 갔다면 혹은 다른 직장
에 들어갔다면. 또는 내가 그 사람을 조금 일찍 만났다면 혹은 늦
게 만났다면 어떠했을까. '만약' 으로 시작하는 수많은 의문 말이
다. 어떻게 생각하면 지금의 시점에서 더 이상 의미는 없지만 궁
금한 질문들 말이다. 그리고 형제가 없었다면 어떨까 하는 생각마
저도. 정말 나의 삶은 달라졌을까?
이런 경험들이 조금씩 누적되면서 우리의 삶은 달라진다. 특별

한 변화 없이 살아 온 것 같은데 어느 날 보면 형제나 친구들과 다른 길을 가는 자신을 발견하지 않는가. 분명 시작은 비슷했는데, 그리고 별로 차이 나지 않은 것 같은데 어느 사이 삶 자체가 달라진 것이다. 누구의 삶이 더 좋다 나쁘다를 떠나서 말이다.

우리는 흔히 386세대니 베이비붐 세대니 하는 말들을 한다. 왜 이런 세대가 생겼을까? 이 세대들은 다른 세대와 무엇이 다르단 말인가. 이런 세대들은 중요한 이행기에 시대적 혹은 사회적 흐름이 변화해 다른 세대와 다른 경험을 하고 다른 영향을 받았다. 교육 제도가 바뀌었다거나, 정치의 민주화가 일어났다거나, 경제·문화의 개방이 이루어졌다거나 등등. 그래서 이 세대에 속하는 사람들은 다른 세대의 사람들과 다른 독특한 발달 궤도를 보이는데, 그 세대가 처한 독특한 시대적 배경을 무시할 수 없다. 그리고 그 세대만이 공유한 경험을 그 세대의 개개인이 어떻게 경험하느냐는 다른 문제다. 분명 386세대 안에서도 사람마다 커다란 차이가 날 테니까.

이런 이행을 언제 어떻게 하는가에 대한 형제의 다른 선택은 형제의 삶의 궤도를 달라지게 한다. 어느 한 순간의 선택으로 인해 삶이 극적으로 바뀌는 경우는 흔하지 않다. 소위 말하는 인생의 전환기가 모두에게 극적으로 오는 것은 아니다. 우리의 작은 선택과 경험이, 그리고 주요한 이행기의 경험이 시간과 함께 누적되면서 점차 우리의 삶은 달라지는 것이다. 서서히. 그래서 선택한 당시에는 그 누구도 그 의미와 영향을 제대로 알 수 없는지도 모른다.

영국의 정신과 의사 마이클 라터와 그의 동료들이 시설 기관에서 성장한 여성들을 추적 연구했다. 이들은 가정에 문제가 생겨 출생 후 시설에 맡겨질 수밖에 없었던 탓에 부모와 애착 관계 형성의 기회가 없었다. 이 여성들이 성장하여 결혼을 하고 아이를 가졌을 때 과연 부모로서 어떤 역할을 할지, 시설 기관의 여성들과 보통 가정의 여성들을 비교해 보았다.

예상대로 시설 기관의 여성들은 비교 집단의 여성들보다 아이를 양육하는 데 더 많은 문제를 보였다. 그런데 흥미로운 것은 시설 기관의 여성들이 모두 부모로서 어려움이나 실패를 경험한 것은 아니라는 사실이다. 여러 면에서 지지해 주고 잘 적응하는 배우자를 만난 시설 기관의 여성들은 비교 집단의 여성만큼 양육을 잘하는 것으로 나타났다. 그런 배우자를 만나지 못한 여성들이 양육에 어려움을 나타냈다.

비교 집단 여성의 경우 지지해 주는 배우자의 효과가 그렇게 놀라운 결과를 가져오지 않았다. 이는 아마도 시설 기관의 여성과 비교 집단 여성의 다른 성장 과정에서 기인한 것이리라. 정상 가정의 여성보다 시설 기관의 여성은 여러 능력에서 부족할 수 있다. 앞에서 가족과의 상호작용에서 자기 효능감과 자존감이 발달한다고 했다. 시설 기관 여성은 그런 사회적 능력을 적절히 발달시킬 기회를 갖지 못했을 수 있다. 또한 적절한 부모로서의 모델이 없다 보니 부모의 역할이나 기능에서도 차이가 날 수 있다. 이런 차이를 보충해 주고 보완해 줄 배우자를 만나느냐에 따라 부모로서의 역할이 다르게 나타나는 것이다.

반면 비교 집단의 여성은 배우자의 도움 없이도 양육자로서의 역할을 할 만큼 성숙한 성인으로 성장했을 것이다. 물론 이런 여성에게도 지지해 주는 배우자는 중요하다. 다만 시설 기관의 여성만큼 그 효과가 극적으로 나타나지 않을 뿐이다.

비슷한 시설 기관에서 성장했더라도 어떤 여성은 지지해 주는 배우자를 만나고 어떤 여성은 그렇지 못한 배우자를 만난다. 이 차이는 어디서 오는 것일까? 이들의 성격 차이에서 오는 것일까, 아니면 순전히 운 때문일까? 물론 지지해 주는 배우자를 만난 여성들에게는 이유가 있다. 이들은 부정적 이유로 배우자를 선택하지 않았다. 자신의 좋지 않은 상황으로부터 탈출하기 위해서라든가, 원치 않은 임신을 해서라든가, 혹은 상대를 제대로 알기도 전에 서둘러 결혼을 하지 않았다. 이들은 결혼을 계획하고, 배우자를 신중하게 선택함으로써 다른 여성들보다 일탈된 남자를 만날 확률이 낮았다. 한마디로 결혼이나 부모의 역할에 대해 '준비된' 여성이었다고 할까.

계획 있는 삶, 보다 나은 선택

시설 기관에서 자란 여성의 경우 미래의 삶에 대해 계획을 하느냐 그렇지 않느냐는 다른 선택으로, 그리고 다른 결과로 나타났다. 청소년기에 미래에 대한 계획을 가진 소녀는 10대 임신 확률이 낮았고, 이런 소녀들은 나중에 지지해 주는 배우자를 만나 부모로서 잘 대처하는 경향이 높았다. 또한 일에 대해 계획을 갖는 소녀도 그렇지 않은 소녀보다 일탈된 배우자를 만나는 확률이 낮았다. 학교에서 직장으로 혹은 부모가 되는 등의 이행적 사건을 미리 계획한 소녀일수록 삶에서 보다 나은 선택을 했고, 자연히 보다 나은 결과로 이어졌다. 학교에 들어가고, 직장을 갖고, 배우자를 만나 결혼하고 자녀를 갖는 등의 중요한 이행적 시기에서 개인의 성격에 따라 개인의 삶은 다른 방향으로 가는 것이다.

개인이 언제 직장 세계로 들어가느냐 혹은 언제 결혼하느냐 하는 문제 역시 개인의 성격이 영향을 준다고 한다. 예를 들면 아동기에 위축된 성격의 소년들은 또래보다 늦게 결혼해 부모가 되고 안정된 경력을 갖는다. 자신의 연령에 맞게 모든 것을 하는 것이 가장 좋다는 이야기는 아니다. 이행을 언제 하느냐보다는 어떻게 하느냐가 더 중요하다.

형제는 성격에서 아주 다르다고 했다. 따라서 형제는 주요한 이행에서 다를 수밖에 없고, 이는 다른 결과로 나타나게 되는 것이다. 또한 어떤 배우자를 만나느냐에 따라 형제 관계가 달라질 수 있다. 가치, 교육, 종교, 문화적 배경, 사회 경제적 지위 등이 가족과 다른 배우자를 만났을 때 형제의 관계는 소원해질 수도 있다. 왜냐하면 일반적으로 성인기에는 가족이나 형제보다 자신의 배우자, 자녀와 친밀해지는 시기이기 때문이다. 따라서 형제가 전혀 다른 배경의 사람과 결혼하면 형제가 공유할 근거를 상실할 가능성이 높아진다.

흔히 남자는 배우자를 택할 때 상대 여자가 자신의 집에 잘 맞추어 줄 것 같아 선택한다는 말을 한다. 잘 맞추어 줄 것 같은 상대가 아니라 잘 맞는 상대를 택하는 것이 남자나 여자 모두에게 옳은 일이다. 잘 맞지 않는데 억지로 맞추려고 한다면 자신이나 상대 모두에게 힘들 테니 말이다.

사람들은 흔히 순종적인 사람과 맞는 사람을 혼동하는데, 이는 분명 다르다. 잘 맞는 사람을 찾는 일이 쉽지 않아 종종 순종적인 사람을 선택하는 우를 범한다. 이런 배우자의 선택은 형제 관계, 나아가 가족 관계에 영향을 준다. 그리고 그런 선택에서 형제는 다르다.

이런 주요한 이행을 성취하는 시기와 방법에서의 형제의 차이는 형제의 다른 삶을 이끈다. 전 생애 관점의 심리학자들은 삶에서 누적되는 경험을 중시하며, 그것이 우리의 차이를 가져온다고 했다. 이는 환경의 영향은 우리의 일생에서 점차 커지는 반면, 유전적 영향은 감소한다는 의미다. 그런 점에서 공유하지 않은 경험은 개인차를 더욱 크게 만들며, 성인기 이후의 삶에서 더욱 중요한 역할을 한다.

나이 들면서 공유하지 않은 환경의 영향의 증가는 지능에서 잘 나타난다. 지능이 우리의 삶을 결정하는 것은 아니지만, 지능 자체가 주변 환경의 요구에 적절하게 대처하고 적응하는 능력이라고 한다면 중요한 능력임에 틀림없다. 어린 시절 지능에서 형제는 그나마 유사하다. 이런 형제의 유사성을 가져온 형제의 공유한 경험이 아동기 이후에 급격히 감소하면서 형제 차이도 커져 간다. 이런 형제 차이에는 형제의 공유하지 않은 경험과 더불어 유전적 차이의 영향이 크다. 지능의 경우에는 특이하게도 유전의 영향이 증가하는데, 단순히 유전의 영향이 단독으로 증가하기보다 환경과의 상호 관계 속에서 더 나타나는 것이 아닌가 싶다.

실제로 노인에 대해 연구해 보면 생애 후기에서 개인차가 더 나타난다고 한다. 우리는 흔히 노인을 개성과 다양성을 가진 젊은이의 반대 이미지로 생각한다. 고지식하고, 유연하지 못하고, 그래서 선택의 폭도 적은 사람들. 그런데 노인은 실제로 젊은이보다 더 큰 개인성을 보인다. 왜 그럴까? 사람은 나이 들면서 공유하지 않은 경험을 점점 더 많이 하게 되고, 이런 경험의 증가는 개인차의 증가를 가져온다고 설명할 수 있을 것이다.

형제는 성장하면서 서로 다른 길을 가는 존재인지도 모른다. 어느 날 문득 보면 형제는 전혀 다른 삶을 살고 있다. 형제 모두 언제 어떻게 그 곳에 도달했는지 느끼지도 못한 채 각자의 길로 가 버린 것이다. 같이 시작한 것 같은데, 비슷하게 시작한 것 같은데 달라져 있는 것이다. 그 누가 예측할 수 있겠는가. 형제의 다른 경험이 서서히 누적된 그 모습을 말이다.

형제 — 나와 다른 사람, 다른 삶

형제에 대한 책을 쓴다고 하니까 사람들이 나를 의아하게 바라보았다. 종종 이해할 수 없다는 표정까지 지으며. 그리고 조심스럽게 물었다. 그게 무슨 이야기인데? 사람들은 형제에 대해 궁금한 것이 없나 보다. 사실 그들을 탓할 생각은 없다. 나 자신도 얼마 전까지 그들과 비슷한 생각이었으니까.

형제? 그러면 갑자기 멍해지는 느낌이 든다. 사람들은 형제 관계에서 생기는 모든 의문이나 문제는 으레 그러려니 하며 사나 보다. '형제니까……' 하면서. 마음에 들든 들지 않든 혹은 서로 맞든 맞지 않든 그냥 함께 살아갈 수밖에 없는 운명 같은 존재. 형제는 무조건적인 관계이기 때문에 알 필요도 없는 것일까? 우리가 형제를 그런 존재로 받아들이는 것과 형제가 무엇인지를 아는 것은 다르지 않을까? 도대체 형제는 누구인가.

우리는 대부분 형제가 있거나 우리 자신이 누군가의 형제다. 어떤 사람은 동생이 태어나면서부터 형제 관계가 시작되고, 어떤 사람은 세상에 나와 보니 이미 형제가 있다. 형제에 대해 무슨 할 말이 있을까. 어릴 때부터 수없이 싸우고 다투면서 좋을 때도 많았고, 지겹고 귀찮을 때도 많았고, 죽도록 미울 때도 많았다. 그러면서 형제는 우리의 삶과 운명의 한 부분이 되었지만, 우리는 종종 형제에게 무심한 것은 아닐까? 정말 형제와 우리는 친한 것일까? 형제에 대해 우리는 제대로 알고 있을까?

형제 관계는 갈등 관계?

우리의 가족 관계와 서구의 가족 관계는 다르다. 가족 이기주의라고 할 만큼 가족간의 응집력이 강조되고, 또 실제로 응집력이 강한 우리 나라에서 형제는 어떤 의미가 있을까? 형제에 대한 자료를 찾던 중 우리 나라 고대 문학에 나타난 형제 관계를 다룬 책을 보게 되었다. 앞에서 서구의 유명한 작가들의 형제 이야기를 했는데, 이 책은 설화와 소설 등에 나타난 우리 나라의 형제관을 다룬 책이다. 과학 운운하며 가족 관계를 해부하고 해석하는 심리학자가 아닌 일반인의 눈에 비친 형제는 어떨까?

형제란 천륜으로 맺어진 관계라고 한다. 천륜(天倫)? 형제는 아버지의 정(精)과 어머니의 혈(血)과 육(肉)의 혼합으로 태어난 사람으로 동기이체(同氣異體)이며 동거공재(同居共財)의 관계라고 했다. 아이고 어렵다. 왜 하필 아버지의 정이고 왜 하필 어머니의 혈과 육인지. 어머니의 정은 안 되고 아버지의 혈과 육은 안 되나? 다 깊은 뜻이 있겠지만, 부모의 23개 염색체 쌍이 우리 나라에서는 이렇게 표현되나 보다.

우선 동기이체부터. 형제란 부모의 골육을 나누어 받았기에 동기라고 한다. 같은 기운을 받은 것이다. 벌써 표현에서부터 처절한 운명의 냄새가 나지 않는가. 골육이니, 같은 기운이니. 형제란 한 부모에게서 혈기를 나누어 갖고, 같은 젖을 먹고, 한 집에서 자라나 옷도 같이 입고, 밥도 같이 먹고, 놀 때도 한시도 떠나지 아니하는 존재란다. 옛날에는 그랬다. 같은 젖을 먹고, 같은 옷을 입었다. 그래서 형제는 신체 크기, 얼굴 생김, 피부색, 행동거지, 성격 등이 유사해 다른 사람이 형제임을 쉽게 알 수 있다는 것이다. 이것이 우리의 옛 사람들이 생각하는 형제다.

형과 아우는 운명적으로 그 관계가 결정되고 한 부모로부터 갈라져 나온 몸이지만, 사이 좋은 관계를 유지하는 것은 운명이 아닌 듯싶다. 그렇게 운명 지워지지 않은 모양이다. 오히려 갈등 관계에 놓이는 경우가 더 많다고 할까.

옛날에는 형제가 동거하며 가정의 재산을 공동으로 소유하다 보니 동거공재의 관계였다. 그러나 형제란 둘이면서 하나이기를 강요받는 사이이고, 하나이기에는 분리된 실체를 가진 현실이라고 한다. 도대체 이것이 무슨 운명이고 무슨 팔자란 말인가.

형제란 가정 밖의 문제에 공동 대응하지만 가정 내의 문제에서는 경쟁하는 관계가 된다고 한다. 이런 상황을 표현하기를 형제는 양보해야 하는 윤리적 당위성과 자신의 현실적 욕망의 괴리 속에서 인간적인 고뇌와 번민을 한다나. 정말 어렵다. 말이 어렵다. 그러나 감은 오지 않는가. 형제의 우애를 강조하는 윤리와 인간적 욕망의 차이가 형제를 괴롭히는 것이다. 당연히 해야 할 일과 하고 싶은 일 사이에 갈등이 생기고, 형제간에 경쟁과 분열은 끊이지 않을 수밖에. 이것이 형제의 애증 관계의 실체인가.

이처럼 형제의 미묘한 관계 때문에 옛날부터 형제의 우애는 여러 경전이나 설화, 소설 등의 주요 주제가 되었다. 재물이나 명예보다 형제의 우애를 선택함으로써 가정의 화목을 지킨다는 논리라고나 할까. 이런 형제는 타의 모범이 되는 것이다. 그리하여 입에서 입으로 전해지는 설화가 되는 것이다.

형제 관계를 이처럼 중요시한 까닭은 형제애를 가정, 친척, 이웃, 나아가 나라로 넓혀지는 인간애의 시작이라고 보았기 때문이다. 형제애는 모든 인간에 대한 사랑의 원천이라고 여겼다. 대단하지 않은가. 형제애란 가정의 화목을 지켜 줄 뿐만 아니라 사회

공동체의 화목까지도 유지시켜 주는 것이라 생각한 것이다.

이제 우리는 형제가 비슷하기보다 얼마나 다른지 알게 되었다. 비슷할 것이라고 기대하는 정도를 훨씬 넘어설 정도로 다르다는 것을. 형제는 체중이나 신장에서 조금 비슷할 뿐 나머지 신체적 특성에서도 많이 다르다. 이런 신체적 특성을 더 공유한 형제가 있고, 덜 공유한 형제가 있을 뿐이다. 많이 공유한 형제는 더 닮아 보이고, 덜 공유한 형제는 별로 닮아 보이지 않을 뿐이다.

형제는 성격, 지능, 정신 병리 등의 심리적 특성에서도 다르다. 그나마 지능과 학업 성취에서 비슷한 편인데, 이런 유사성도 아동기 이후부터는 급격히 감소한다. 또한 성장할수록 지적 능력에서 차이가 더 벌어지는데, 서로 다른 환경을 선택할 뿐만 아니라 환경과의 상호작용도 다르기 때문이다. 특히 형제는 성격과 정신 병리에서 아주 다르다. 한 형제의 성격을 보고 다른 형제의 성격을 예측하거나, 한 형제의 정신 장애를 보고 다른 형제의 장애를 예측하는 일은 거의 불가능하다. 이런 예측이 맞을 가능성이 매우 낮기 때문이다. 형제의 성격은 거의 낯선 사람의 성격만큼 다르다고 할 수 있다. 천륜으로 정해진 관계지만, 같은 기를 타고났을지 모르지만, 형제는 사실 우리와 다른 사람이다.

유전과 환경의 차이가 이런 형제 차이를 가져온다. 우리는 이에 대한 증거를 접하면서 형제는 공유한 것보다 공유하지 않은 유전과 환경이 더 많다는 사실을 알게 되었다. 이런 모든 증거는 우리가 형제에 대해 막연히 갖고 있던 모든 신화를 깨어 버리고 있다. 그 동안 우리의 믿음이 얼마나 빈약한 자료와 비과학적인 신념에 근거한 것인지 알게 되었다. 우리는 형제의 유사성을 너무나 부풀려 실제보다 확대시켜 온 것이다. 형제의 유사성을 굳게 믿으며 형제 차이를 오차로 간주하고 무시한 것은 아니었을까.

우리의 무지가 형제간의 갈등을 부추겼다?

이런 착각 때문에 형제간의 오해와 갈등을 윤리적 문제로 몰아붙이면서 무조건 우애 있게 지낼 것을 강요해 온 것이 아닐까. 우리의 무지 때문에 형제간의 갈등을 부추겨 온 것은 아닌지. 형제는 능력, 요구, 경험 등이 다른 사람이기에 서로 맞추는 것이 쉽지 않을 것이다. 서로의 차이를 인정하고 존중해 주면 해결될 문제를, 형제는 같고 비슷해야 한다는 선입견 때문에 부모나 형제 모두 어렵게 만든 것은 아닌지. 형제와 왜 싸우는지 왜 친밀하지 않은지 이유도 모르면서 무조건 가족이란 울타리 안에서 서로를 인내해야 한다며 가슴앓이를 해 온 것은 아닌지.

형제가 다른 이유는 유전과 환경의 차이 때문이다. 부모로부터 형제는 다른 조합으로 형성된 유전자형을 계승 받았다. 형제에 따라 같은 유전자를 받을 가능성이 다 다르다고 했다. 그래서 외모에서부터 심리적 특성에 이르기까지 형제마다 유사성과 차이가 다 다른 것이다. 그러나 형제를 더욱 다르게 만드는 것은 바로 공유하지 않은 환경이다.

형제가 공유한 가정 안에서조차 형제는 다른 경험을 한다. 가정 안에서, 그리고 가정 밖에서 형제의 공유하지 않은 경험이 형제를 다르게 만드는 것이다. 부모와의 관계에서, 형제와의 관계에서, 그리고 부모와 다른 형제와의 관계에서 형제는 다른 경험을 한다. 심리학에서는 형제의 이런 다른 경험을 오랫동안 무시해 왔다. 왜냐하면 가족을 하나의 단위로 취급해 가족이 공유한 것은 가족 구성원 모두가 공통적으로 경험한다고 믿어 왔기 때문이다. 그래서 대부분 가족 단위로 연구를 하고, 가족간 비교를 통해 인간의 행동을 설명하려고 했다.

결국 부모가 형제를 비슷하게 취급한다는 생각은 단지 생각일 뿐이었다. 부모가 특성이 다른 자녀와 다른 상호작용을 하는 것은 당연한 일이다. 아이는 부모와 형제가 갖는 관계와 부모와 자신이 갖는 관계의 차이, 그리고 부모의 다른 대우에 민감하다. 아이에게 영향을 주는 것은 실제든 아니든 아이가 느끼는 부모의 다른 행동, 형제의 다른 행동이다. 그런데 자녀와 상호작용하면서 다른 자녀가 그 영향을 받을 것이라고 생각하는 부모가 얼마나 될까.

부모는 자녀들을 대하면서 공정할 때도 있고 그렇지 못할 때도 있다. 어떻게 늘 공정하고 공평하게 대할 수 있을까. 그리고 어떻게 하는 것이 공정하고 공평하게 대하는 것일까. 부모가 형제를 아무리 비슷하게 대한다고 해도 형제가 다르게 느낄 수도 있다. 앞에서 두 사람의 특성이나 요구가 잘 맞느냐에 따라 관계는 달라질 수 있다고 했다. 부모-자녀 관계나 형제 관계 역시 그렇다. 가족이란 선택한 것이 아니라 주어진 것이다. 형제란 잘 맞아서 형제가 된 것이 아니라 그렇게 주어진 관계다. 다만 어떤 형제는 다행히도 잘 맞아서 잘 지내고, 어떤 형제는 불행히도 잘 맞지 않아 갈등과 충돌 속에서 보낸다.

부모는 이런 형제의 갈등과 충돌을 약화시키기보다 오히려 자극시키곤 한다. 특정 자녀에게 다른 대우를 함으로써 형제 갈등을 자극하고, 어떤 결과를 빚을지도 모르면서 형제의 다툼을 비난한다. 또한 의식적이든 무의식적이든 형제를 비교해 형제의 갈등과 경쟁을 부추긴다. 부모는 자신이 자녀에게 미치는 힘의 영향과 크기를 종종 가늠하지 못하는 어리석은 존재다. 이런 모든 상황에서 형제는 비슷하게 경험하는 것이 아니라 다르게 경험함으로써 공유하지 않은 경험이 증가한다.

그렇다면 가족간에는 차이가 없을까? 물론 가족간에도 차이 나는 특성이 있다. 다만 가족 내의 차이가 가족간의 차이를 훨씬 능가한다는 것이다. 성 차이와 똑같다. 여러 특성에서 성 차이에 대한 수많은 증거가 있다. 남자와 여자는 당연히 다르다. 그런데 남자와 여자의 차이보다 더 놀랍고 큰 차이는 집단간의 차이가 아니라 집단 내의 차이다. 남녀의 차이보다 같은 성별 내의 개인차가 더 크다는 것이다. 남자라서 혹은 여자라서 차이 나는 것이 아니라 인간이라서 차이 난다는 말이 더 맞는 말인 것 같다.

형제의 놀라운 차이는 인간의 개인차가 한 가정의 형제의 다른 발달을 연구함으로써 밝혀질 수 있다는 가능성을 제시하고 있다. 개인에게 객관적으로 무엇이 얼마나 제시되었느냐가 아니라, 개인이 주관적으로 무엇을 얼마나 경험했느냐가 더 중요한지도 모른다. 그 주관적인 개인 경험이 우리의 발달에 더 중요하다고 보는 것이다. 우리가 주목해야 할 것은 가정에서 형제가 경험한 절대적인 양이 아니라 상대적으로 느끼는 양이라고 할 수 있다.

우리는 자기만의 방식으로 상대에게 사랑을 베푼다. 사랑하기 때문에 이렇게 해주고 싶고, 이렇게 해야 하고 등등. 그런데 언제나 베푼 만큼 돌아오는 것은 아니다. 돌려받기 위해 사랑을 베푸는 것은 아니지만 대부분의 사람들은 일정한 반대급부를 기대한다. 그런데 서로 산출 방식이 다른 것이 늘 문제가 된다. 내가 생각하기에 이만큼 준 듯한데 상대는 그렇지 않다고 하면 참을 수가 없다. 도대체 누가 계산을 잘못한 것일까. 어쩌면 둘 다 잘못했거나 둘 다 옳을지도 모른다. 상대가 그렇게 느낀다는데 어쩔 것인가.

부모도 마찬가지다. 자식들에게 비슷하게 투자하고 애정을 쏟은 것 같은데 제각각 결과가 다르다. 부모의 투자가 모두 소용없는 것이라고 밀어붙일 생각은 없다. 부모는 분명히 어린이의 인지적 발달에 영향을 줄 수 있으며 형제는 인지적 능력에서 공유한 환경의 영향을 보여 준다. 다만 이 공유한 환경의 영향이 아동기 이후 급격히 약화된다는 것이다. 결국 여기까지가 부모가 만들 수 있는 성취인 셈이다. 그 다음부터는 아이의 몫이다. 인지적 능력에서 공유한 경험의 영향이 나타나는 어린 시절조차 형제는 부모가 제공한 환경에서 다른 경험, 공유하지 않은 경험을 하고 그것의 영향을 받는다.

왜 형제는 이런 공유하지 않은 경험을 하는 것일까. 우리는 노출된 환경에 수동적으로 이끌려 다니는 존재가 아니다. 아주 어린 시절에는 그럴 수 있다. 부모가 제공한 환경에서 주변을 탐색하며 다양한 경험을 한다. 그러나 성장할수록 노출된 환경과 경험된 환경에 차이가 난다.

형제의 다른 특성, 특히 다른 성격은 다른 선택을 가져온다. 우리는 환경을 적극적으로 선택하고, 때로는 스스로 만들어 나가기도 한다. 무의식적으로 의식적으로 우리는 우리의 삶을 만들어 가지만, 우리의 유전적 잠재력을 벗어나지는 못한다. 우리의 유전적 가능성 안에서, 그리고 환경과의 상관 관계 안에서 우리의 발달 궤도를 그릴 뿐이다. 우리의 삶은 유전대로 가는 것도 아니고, 환경이 제공하는 대로 가는 것도 아니다.

형제의 특성 자체가 형제의 다른 경험을 이끈다. 쌍생아를 제외하고 형제란 다른 연령, 다른 발달 단계에 있는 존재다. 다른 발달 단계로 인해 형제간에 능력, 요구, 기대, 그리고 행동의 불일치가 일어난다. 어떻게 세 살짜리 아이와 여섯 살짜리 아이가 원하고 느끼는 것이 같겠는가. 형제의 빈번한 상호작용의 불일치 속에서 형제는 정서적으로 다른 경험을 한다. 형제 관계에서의 다른 경험은 다시 형제에게 다른 영향을 주고, 형제 차이로 이어진다.

우리는 매일같이 조금씩 우리의 발달 궤도를 그린다. 그래서 그 당시에는 우리가 어디에 서 있고 어디로 향하는지 모르지만, 시간이 흐르면 발달 궤도 안의 어느 지점에 와 있는 것이다. 그 때 우리는 화들짝 놀란다. 형제도 놀란다. 언제 우리의 삶이 이렇게 다른 방향으로 꺾여 다른 길로 가고 있었나 하고. 학자들은 이를 '눈덩이 효과' 혹은 '폭포 효과'라고 한다. 정말 그럴듯한 표현이다. 작은 것이 모이고 모여 어느 날 큰 것을 이루는 것처럼, 의자를 매일 조금씩 움직이다 보면 어느 날 의자의 방향이 완전히 달라지는 것처럼 우리의 삶과 형제의 삶도 그렇지 않을까. 매일 조금씩 의자를 움직이듯 그렇게 움직이고 있는 것이다.

물론 모든 삶의 궤도가 그렇듯 완만하게 그려지는 것은 아니다. 우리의 삶에서 중요한 이행기 사건 예컨대 입학, 졸업, 취직, 결혼, 출산 등은 우리의 삶에 커다란 굴절을 만든다. 그 때마다 형제는 다를 수 있다. 그런 이행 시점마다 형제는 다른 선택을 하는 것이다. 이는 그 전부터 누적된 형제 차이에 기인하는 것이리라. 왜 하필 그 시점에서 그런 선택을 할까? 이유가 무엇이든 중요한 것은 왜 그런 선택을 할 수밖에 없느냐는 것이다. 이런 경우 형제 차이는 보다 극적이고 선명하게 드러날 수 있다.

이처럼 우리는 크고 작은 일상사에서 우리와 다른 형제를 이해하지 못하거나 차이를 무시해 왔다. 그럼으로써 우리가 어디서 어떻게 달라졌는지도 모른 채 달라진 것이다. 아주 어릴 때부터 함께 지내며 모든 것을 보았다는 것이 과연 형제에 대한 이해에 얼마나 도움이 될까. 그런 기억들이 친밀감이나 익숙함을 줄지는 모르지만, 과연 우리가 형제를 정말 알고 있다고 할 수 있는 것일까. 이제 우리는 형제가 다른 사람이라는 것을 이해하고 받아들여야 할 것이다.

그래도 변하지 않는 것은 우리가 형제라는 사실

나는 무슨 이야기를 하고 싶었을까. 그냥 형제 이야기? 도대체 형제에 대한 무슨 이야기를 하고 싶었을까. 나 역시 형제란 그저 혈연으로 맺어진 관계 그 이상도 이하도 아니라고 생각했다. 선택의 여지가 없고, 그래서 좋으나 싫으나 한쪽이 죽을 때까지 평생 이어지는 관계. 그런데 정말 선택의 여지가 없는 것일까. 있다면 도대체 무슨 선택이 있는 것일까.

문득 나는 정말 형제를 알고 있고 친밀한 것일까 하는 의문이 들었다. 특히 성인이 되어서 우리가 보는 방향이 다르다는 것을, 가는 길이 다르다는 것을 깨닫게 되면서.

어릴 때 코 흘리는 모습을 보았다고, 그 앞에서 울음을 터뜨리고 부모에게 함께 매를 맞았다고 우리는 정말 친한 것일까. 정말 서로를 아는 것일까. 형제의 생각이나 감정은 내가 필요할 때, 알아야 할 때에만 관심을 가졌다. 형제와 충돌이 생기면 어떤 때는 참고, 어떤 때는 모른 척하고, 어떤 때는 엉뚱하게 표출하고, 어떤 때는 양보하고, 어떤 때는 싸우고…… 그렇게 지내 왔다. 다른 형제 역시 비슷한 것 같다.

하지만 형제는 나와 얼마나 다른지, 그리고 그런 사람과 함께 지내는 데는 타협과 이해가 필요하다는 것을 이제 알게 되었다. 불행히도 오래 전, 우리가 그런 사실을 깨닫기에는 우리가 너무 어렸고, 부모는 너무 무심하고 무지했다.

우리는 많이 다르고, 다른 길을 가고 있고, 모든 것이 변했지만, 그래도 변하지 않는 것은 우리가 형제라는 사실이다. 그리고 그 형제의 존재로 인해 오늘의 내가 만들어졌는지도 모른다. 형제의 존재가 미치는 영향에 대해 시몬 드 보부아르처럼 확신할 수는 없지만 말이다. 그러나 그녀의 말처럼 그것은 운인지도 모른다. 운! 나와 형제의 만남, 행운이든 불운이든 이제 더 이상 그것이 무슨 문제인가. 이미 오래 전에 시작되었고, 지금도 진행되고 있는데. 이제 그 끝은 우리의 선택에 달려 있지 않을까.

■ 참고 문헌 ■

김아영, 백화정, 설인자, 양혜영, 이선자, 정명숙 역 (1997). 교육심리학, 학문사.

박성연, 도현심, 정승원 역 (1996). 부모-자녀관계: 생태학적 접근, 학지사.

송명자(1995). 발달심리학, 학지사.

정명숙, 손영숙, 양혜영, 정현희 역 (2001). 아동기행동장애 4판, 시그마프레스.

조춘호(1994). 한국문학에 형상화된 형제갈등의 양상과 의미, 경북대학교 출판부.

Bank, S.P., & Kahn, M. D. (1982). The siblings bond. NY: Basic Books Inc.

Boer, F., Goedhart, A.W., & Treffers, P. D. A. (1992). Siblings and their parents. In J.Boer & J.Dunn (Eds.) Children's siblings relationships: Developmental and clinical issues. NJ: Lawrence Erlbaum Associates, 41-54.

Buhrmester, D. (1992). The developmental courses of sibling and peer relationships. In J.Boer & J.Dunn (Eds.) Children's siblings relationships: Developmental and clinical issues. NJ: Lawrence Erlbaum Associates, 19-40

Cicirelli, V.G. (1982). Sibling influence throughout the lifespan. In M.E.Lamb & B.Sutton-Smith (Eds.), Siblings relationships: Their nature and significance across the lifespan. NJ: Lawrence Erlbaum Associates, 267-284.

Cole, M., & Cole, S. (1989). The development of children. NY: Scientific American Books.

Dunn, J., & Kendrick, C. (1982). Siblings: Love, envy & understanding. Cambridge, Massachusetts: Harvard University Press.

Dunn, J., & Kendrick, C. (1982). Siblings and their mothers: Developing relationships within the family. In M.E.Lamb & B.Sutton-Smith (Eds.), Siblings relationships: Their nature and significance across the lifespan. NJ: Lawrence Erlbaum Associates, 39-60.

Dunn, J. (1985). Sisters and brothers. Cambridge, Massachusetts: Harvard University Press.

Dunn, J., & Plomin, R. (1990). Separate lives: Why siblings are so different. Basic Books.

Dunn, J. (1992). Sisters and brothers: Current issues in developmental research. In J.Boer & J.Dunn (Eds.) Children's siblings relationships: Developmental and clinical issues. NJ: Lawrence Erlbaum Associates, 1-18.

Faber, A., & Mazlish, E. (1998). Siblings without rivalry. NY: Avon Books, Inc.

Freud, A. & Dann, S. (1951). An experiment in group upbringing.

Psychoanalytic Study of the Child, 6, 127-168.

Hetherington, E. M., & Parke, R. S. (1986). Child psychology: A contemporary viewpoint. 3rd Ed., NY: McGraw-Hill Book Company.

Lamb, M. (1982). Sibling relationships across the lifespan: An overview and introduction. In M.E.Lamb & B.Sutton-Smith (Eds.), Siblings relationships: Their nature and significance across the lifespan. NJ: Lawrence Erlbaum Associates, 1-12.

Lerner, R. M. (1986). Concepts and theories of human development. 2nd Ed. NY: Random House.

Newman, B. M., & Newman, P. R. (1987). Development through life: A psychosocial approach. 4th Ed., Illinois: The Dorsey Press.

Patterson, G. & Bank, L. (1989). Some amplifying mechanisms for pathologic processes in families. In M.R.Gunnar & E.Thelen (Eds.), Systems and development. The Minnesota Symposia on Child Psychology, Vol.22, 167-209.

Plomin, R. (1990). Nature and nurture: An introduction to human behavioral genetics. Pacific Grove, California: Brooks/Cole Publishing Company.

Ross, H. G., & Milgram, J. I. (1982). Important variables in adult sibling relationships: A qualitative study. In M.E.Lamb & B.Sutton-Smith (Eds.), Siblings relationships: Their nature and significance across the lifespan. NJ: Lawrence Erlbaum Associates, 225-250.

Rutter, M. (1990). Psychosocial resilience and protective mechanism. In J.Rolf, A.S.Masten, D.Cicchetti, K.H.Nuechterlein, & S.Weintraub (Eds.) Risk and protective factors in the development of psychopathology, Cambridge University Press, 181-214.

Scarr, S., & Grajeck, S. (1982). Similarities and differences among siblings. In M.E.Lamb & B.Sutton-Smith (Eds.), Siblings relationships: Their nature and significance across the lifespan. NJ: Lawrence Erlbaum Associates, 357-381.

Schulz, D. (1981). A history of modern psychology. 3rd Ed., NY: Academic Press.

Sutton-Smith, B. (1982). Birth order and sibling status effects. In M.E.Lamb & B.Sutton-Smith (Eds.), Siblings relationships: Their nature and significance across the lifespan. NJ: Lawrence Erlbaum Associates, 153-166.